SOCIÉTÉ

DES

ANCIENS TEXTES FRANÇAIS

GUILLAUME DE PALERNE

Paris. — Typ. G. Chamerot, rue des Sts-Pères, 19.

GUILLAUME
DE PALERNE

PUBLIÉ D'APRÈS LE MANUSCRIT

DE LA BIBLIOTHÈQUE DE L'ARSENAL A PARIS

PAR

H. MICHELANT

PARIS
LIBRAIRIE FIRMIN-DIDOT ET Cie
56, RUE JACOB, 56
—
MDCCC LXXVI

Publication proposée à la Société, le 28 juillet 1875.

Approuvée par le Conseil le 17 octobre 1875 sur le rapport d'une commission composée de MM. Bonnardot, de Montaiglon et Pannier.

Commissaire responsable :

M. Gaston Paris.

PRÉFACE.

Si la littérature française a pu défrayer l'Europe entière au moyen âge, elle le dut à des circonstances particulières qui favorisèrent son développement sur la fin du XIIe siècle, l'une de ses époques les plus brillantes. Aux chansons de geste dont les accents, un peu rudes, avaient pu charmer autrefois les barons dans leurs fêtes ou les animer dans les combats, comme la chanson de Roland, à ces longues et monotones épopées, allaient succéder des compositions écrites dans une langue plus pure, mieux faite pour peindre d'autres mœurs et des sentiments plus doux. En effet, les croisades avaient eu d'autres résultats que la conquête de la Terre-Sainte. Le luxe déployé par les despotes de l'Orient, les richesses des Byzantins, les raffinements de leur civilisation avaient produit une impression profonde sur les croisés ; de leurs expéditions ils avaient rapporté des goûts qui contrastaient avec leurs habitudes antérieures, et une culture intellectuelle en harmonie avec leurs nouveaux besoins. D'autre part, le ton de galanterie exagérée qui régnait à la cour des califes d'Espagne, de Grenade, de Cordoue, avait pénétré en France ; des troubadours il avait passé aux poëtes du Nord, dans ces plantureuses provinces de Flandres, de Hainaut et d'Artois, où régnaient des princes qui protégeaient les lettres et encourageaient ceux qui les cultivaient. Les femmes elles-mêmes avaient pris part à ce mouvement que dirigeaient les plus illustres et les plus spirituelles d'entre elles, et que souvent elles avaient fait naître. Elles inspiraient les trouvères qui vivaient dans leur entourage, et dictaient les sujets de compositions qui leur étaient ensuite dédiées. Sous leur influence s'étaient fondées les cours d'amour dont les jugements avaient force de loi dans le monde élégant et littéraire ; mais il ne faut pas regarder comme une institution judiciaire ces tribunaux de fantaisie qui rendaient des arrêts à peu près comme l'hôtel de Rambouillet au XVIIe siècle, dont la juridiction ne s'étendait que sur un cycle d'élus qui voulaient bien s'y soumettre. Les romans de Meraugis de Portlesguez, de Blancandin, de Cligès et d'autres encore, nous montrent avec quelle subtilité on traitait toutes les questions qui se rattachaient à l'amour, et quels raffinements on avait introduits dans la peinture de ce sentiment. Ce ton de galanterie quintessenciée devait se refléter dans les œuvres des poëtes ; fréquentant les cours, ils recherchaient la protection et les suffrages de ces femmes qui régnaient autant par leur esprit que par leur rang. C'est à elles qu'ils adressaient les ouvrages dont elles avaient fourni le sujet : c'est ainsi que Chrestien de

Troyes a écrit son roman de Cliges pour Marie de Champagne, fille de Henri Ier, épouse de Baudouin, comte de Flandres et de Hainaut, et Manessier la suite de Perceval pour Jeanne, comtesse de Flandres et de Hainaut, fille de Baudouin VI; M. Fr. Michel cite (roman de Ham) un trouvère anonyme du Lyonnais qui dédia son œuvre, incomplète aujourd'hui, à Blanche, fille de Sanche VI d'Espagne, épouse de Thibaut II comte de Champagne; enfin, ce qui nous touche plus spécialement, l'auteur du roman de Guillaume de Palerme a reçu, de la comtesse Yolande, l'ordre de traduire en français un texte latin, dont les développements constituent son œuvre. Ce thème primitif, que nous ne connaissons pas, n'est sans doute qu'un fragment de chronique italienne, comme celui de Cliges; mais il sert de canevas au récit des amours de Guillaume et de Melior, qui constituent le nœud du récit, comme va le démontrer une rapide analyse.

Au royaume de Pouille régnait jadis un roi puissant, Ebron; de son union avec Felise, fille de l'empereur de Grèce, il eut un fils nommé Guillaume. Dès son plus jeune âge, cet enfant fut confié à deux gouvernantes, qui, cédant aux suggestions perfides de son oncle, devaient le faire périr pour assurer le trône à ce parent dénaturé. Un jour l'enfant jouait dans un parc où son père et sa mère s'étaient rendus avec leur cour; tout à coup un loup-garou s'élance sur lui et, dans sa course rapide, l'emporte malgré les cris et les efforts de ceux qui les poursuivent; il gagne ainsi le Fare ou détroit de Messine, et le dépose au milieu d'une forêt située près de Rome, dans sa tanière; là il lui prépare un lit de feuilles, et il le nourrit de racines et de fruits sauvages. Quelques jours après un pâtre, guidé par son chien, découvre l'enfant et le porte à sa femme qui consent à l'élever. Le loup, désolé à son retour, suit la piste, et, par les discours des deux époux, comprenant que son protégé trouvera chez eux une existence plus douce, il se résigne à la séparation. L'auteur nous apprend alors que ce loup est le fils du roi d'Espagne, changé en bête par les enchantements de sa belle-mère, afin d'assurer la couronne à son propre fils. Sept ans plus tard, l'empereur de Rome, égaré à la chasse, rencontre Guillaume dans la forêt; charmé de la bonne mine de l'enfant, il l'emmène à la cour et l'attache, en qualité de page, au service de sa fille, la belle Melior. Une tendre inclination ne tarde pas à naître entre les jeunes gens. Melior, cependant, veut combattre une inclination au-dessous de sa haute naissance, et elle prend pour confidente sa cousine, Alexandrine, fille du duc de Lombardie, qui s'efforce, au contraire, d'amener une secrète entente entre les deux amants. Sur ces entrefaites, le duc de Saxe déclara la guerre à l'empereur de Rome qui, sachant par le père adoptif de Guillaume que les riches vêtements dont il l'avait trouvé revêtu annonçaient une naissance élevée, l'arme chevalier avec la jeune noblesse romaine et le met à la tête de son armée. Après des prodiges de valeur, Guillaume met en fuite l'armée du duc de Saxe qui meurt de chagrin, et il rentre en vainqueur à Rome, où il est accueilli avec la plus grande faveur par l'empereur et par sa fille.

Malheureusement, l'empereur de Grèce envoie demander en mariage cette princesse pour son fils Partenidon, à qui elle est accordée avec empressement ; bientôt après il se rend à Rome avec son père pour y célébrer cette union. Les deux amants, au désespoir, prennent la fuite déguisés au moyen de peaux d'ours, par le conseil d'Alexandrine, qui ne peut obtenir de les accompagner. Après s'être nourris de fruits sauvages, ils auraient fini par mourir de faim si le loup-garou, qui les avait suivis, n'eût pourvu journellement à leur subsistance. Cependant tout était prêt pour la cérémonie ; le père de Melior, impatienté de ne pas la voir paraître, se rend à son appartement où Alexandrine lui révèle l'inclination de Melior pour Guillaume. Irrité en apprenant leur fuite, l'empereur, sur l'avis de Nathaniax, l'empereur de Grèce, donne l'ordre de les arrêter, instruit de leur déguisement par un Grec qui les avait aperçus au moment de leur départ. Ils étaient sur le point d'être pris dans une carrière près de Bénévent, lorsque le loup, pour détourner la poursuite, enlève le fils du prévôt : puis, le danger écarté, il amène successivement devant eux un cerf et une biche dont les peaux leur servent à changer de travestissement. Après avoir repassé le détroit, conduits par le loup, ils arrivent dans le parc de la reine Felise. Celle-ci, devenue veuve, est assiégée par le roi d'Espagne qui veut obtenir, par la force des armes, la main de Florence, sœur de Guillaume, pour son fils puîné Brandin, frère du loup-garou. A la suite d'un songe qui lui présage sa délivrance, Felise, sur le conseil de Moysant son chapelain, sous un pareil déguisement, va trouver Guillaume dont elle implore l'assistance. Monté sur le coursier de son père, l'indomptable Saudebreuil qui, par sa soumission, semble le reconnaître, Guillaume attaque les assiégeants, les met en déroute en plusieurs rencontres, et fait enfin prisonniers le roi d'Espagne et son fils, contraints à demander la paix. Le loup-garou se jette aux pieds de son père qu'il mouille de ses larmes; celui-ci se rappelle alors l'enchantement de son fils Alphonse, opéré par la reine Brande, et, sur les instances de Guillaume qui en fait la condition essentielle de la paix, il force celle-ci à venir le trouver, pour rendre à Alphonse sa forme primitive. Ce dernier pardonne à sa marâtre; il apprend à Guillaume qu'il est fils du roi Ebron et de la reine Felise. Devenu roi de Pouille, Guillaume fait demander la main de Melior à son père, l'empereur de Rome, qui vient assister au mariage avec Alexandrine. D'un autre côté, l'empereur de Grèce, instruit du danger où se trouve sa fille, la reine Felise, envoie son fils pour la secourir avec des forces nombreuses. A la suite de ces rencontres, Guillaume est uni à Melior, Alphonse à Florence, sœur de Guillaume, et le jeune Brandin à Alexandrine. Partenidon, voyant Melior mariée à celui qu'elle aime, se décide à retourner seul en Grèce. L'empereur de Rome étant mort peu de temps après, Guillaume est élu à sa place, tandis qu'Alphonse succède à son père comme roi d'Espagne. Alors la reine Felise aperçoit la réalisation du rêve qui lui montrait sa main droite étendue sur Rome, et la gauche sur l'Espagne.

Il serait difficile de rencontrer un tissu d'aventures plus extraordinaires et même plus absurdes que celles que nous venons d'esquisser. On trouve bien, il est vrai, dans ce récit, quelques-uns des traits qui charmaient le plus le chevalier de la Manche, et qu'il se plaisait à raconter à son écuyer : l'arrivée dans une cour quelconque d'un jeune étranger dont la naissance est inconnue, son amour pour la fille du prince qui l'a accueilli ; lorsque sa passion est découverte, sa fuite dans d'autres contrées où il se signale par des prouesses extraordinaires, pour délivrer une reine ou toute autre princesse assiégée par un ennemi puissant, et enfin, la révélation de sa haute origine qui le rend digne de s'unir avec celle qu'il aime ; en un mot, sauf quelques variantes, le gros bagage des compositions de ce genre. Mais l'auteur du roman de Guillaume, dès le début, nous étonne par son ignorance en géographie ; puis il cherche à nous convaincre de la réalité de son histoire, et il veut en corroborer l'authenticité par des citations de noms propres, tels qu'un empereur grec, Nathaniax, un patriarche, Alexis, un pape, Grégoire, précisément, dit-il, celui qui occupa le siége de Rome entre les deux papes Clément, assertion d'autant plus étonnante, qu'à un siècle environ de distance, la même circonstance se présente pour Grégoire VII et Grégoire VIII ; enfin, à côté de ces prétentions soi-disant historiques, quoi de plus invraisemblable que la fuite des deux amants revêtus de peaux d'ours qu'ils échangent plus tard contre des peaux de cerf et de biche, leur rencontre avec la reine Felise qui vient les trouver sous un déguisement semblable? Il en est de même de ce loup-garou qui, immédiatement après sa métamorphose, prend sa course à travers l'Europe jusqu'en Sicile, pour aller veiller sur la vie d'un jeune prince qu'il arrache à un péril imminent, dont plus tard il guide la fuite, et auquel il révèle le secret de sa naissance, lorsqu'il a recouvré la forme humaine. C'est bien là, sinon le héros, du moins le personnage principal de toute cette histoire, le *Deus ex machina,* dont l'intervention mène les événements à une heureuse issue. Aussi bien aurait-il pu donner son nom au roman, comme l'Escouffle qui le précède dans le manuscrit, ou comme le Bisclaveret dans le lai dont il rappelle immédiatement le souvenir; il n'y a néanmoins aucune analogie entre les deux récits, et nous ne voyons pas comment M. Littré a pu, dans son analyse, en conclure l'antériorité du petit poëme de Marie de France. Il ne faut pas attribuer exclusivement à la Bretagne la croyance aux loups-garous; on la trouve répandue dans toute l'Europe, non-seulement à cette époque, mais bien antérieurement dans plusieurs Sagas, dans l'antiquité, chez Virgile, et même jusque chez Hérodote. Ce n'est pas ici le lieu d'aborder une question si vaste et si compliquée : elle a été traitée par de nombreux auteurs, tout récemment par J. Grimm, Baring-Gould et Herz; ces deux derniers notamment en ont fait chacun le sujet d'un traité spécial. Sans entrer dans de plus grands détails, on peut regarder cette croyance comme originaire de l'Orient, livré de tout temps à l'exercice de la magie. Les Mille et une Nuits nous donnent de nombreux exemples d'hommes changés en bêtes avec les mêmes formules, les mêmes pratiques que celles de la reine Brande, et nous les retrouvons dans l'*Ane d'or* d'Apulée, qui nous ramène ainsi aux antiques fables milésiennes, dont le souvenir s'était peut-être conservé plus fidèle chez les populations de l'empire byzantin. Au surplus, il ne faut pas perdre de vue que ce qui constitue le fonds de la fable dans les compositions de ce genre, ce sont moins les personnages que les sentiments qui les font agir. Dans Guillaume de Palerme et dans tous les romans que l'on appelle improprement peut-être romans d'aventures, l'amour est le principal mobile des héros et de toutes les prouesses par lesquelles ils cherchent à se signaler; nous pouvons, sous ce rapport, nous en rapporter à l'opinion du bon don Quichotte, que ses immenses lectures avaient rendu compétent en cette matière; il est facile de s'en convaincre par Cléomades, Partenopex, Cliges, et surtout par les romans du cycle d'Artus et de la Table ronde qui, au XIIe siècle, reproduisent les mœurs des cours de France et d'Angleterre, au lieu de peindre, comme on l'a cru, celles des anciens Bretons; c'est ce que nous démontrent, jusqu'à l'évidence, les lois de Houel et les autres documents authentiques de cette époque. Ce thème adopté par l'antiquité dans les romans, tels que Daphnis et Chloé, Théagène et Chariclée, et d'autres encore, par une évolution assez ordinaire de l'esprit humain reparut au moment le plus brillant de la littérature du moyen âge, pour se reproduire dans la plupart des productions qui suivirent, comme les Amadis, l'Astrée, et les fades productions de Mlle de Scudery et de son école, jusqu'au xviiie siècle où ce sentiment, toujours le même au fond, puisqu'il repose sur une des lois de la nature, se montre dans la littérature plutôt sous son côté matériel que par ses tendances idéales. On peut donc regarder comme un nouveau point de départ les œuvres du xiie et du xiiie siècle; rompant avec les anciennes chansons de geste, purs récits de bataille à leur origine, mais où l'élément amoureux commençait déjà à percer, elles prirent naissance dans le goût plus épuré et plus délicat des grandes dames qui les inspiraient, comme la bonne comtesse Yolande.

Quelle était donc cette comtesse Yolande qui connaissait assez les chroniques latines pour en tirer des sujets de roman? Selon sir Fr. Madden, le savant éditeur du poëme anglais, ce ne peut être nulle autre que Yolande, fille aînée de Baudouin IV, comte de Hainaut, et d'Alice de Namur, mariée d'abord à Yves, comte de Soissons, dont elle n'eut pas d'enfants. A sa mort, qui eut lieu en 1177, elle épousa en secondes noces Hugues de Champ d'Avesnes, comte de Saint-Paul, dont elle eut deux filles. Par le mariage de Baudoin le Courageux, son frère, avec Marguerite d'Alsace, comtesse de Flandres et d'Artois, elle devint la tante de Baudoin VI, comte de Hainaut et de Flandres qui, en 1204, fut élu empereur de Constantinople. Les comtes de Hainaut et de Flandres, à cette époque, encouragèrent les lettres et protégèrent les poëtes. C'est à Philippe d'Alsace, comte de Flandres, mort en 1191, que Chrestien de Troyes dédia son roman de Cliges. Baudouin V, comte de Hainaut, au dire de Fauchet, trouva à Sens un manuscrit qui contenait la vie de Charlemagne, et il le donna à sa sœur, cette même Yolande, qui le fit traduire également; aussi ce Baudouin pourrait-il bien être le comte de Hainaut auquel fut dédié le roman de l'Escoufle, que nous trouverons toujours réuni à Guillaume de Palerne dans les manuscrits que nous citerons; la couleur orientale empreinte dans ces deux récits, les allusions à l'empire de Grèce que le second nous peint si riche et si puissant, devaient plaire aux membres d'une famille qui régna à Constantinople; nous y voyons une présomption de plus en faveur de l'opinion de sir Fr. Madden. M. Littré, dans son analyse, propose une comtesse Yolande de Nevers, qui épousa en 1265 Jean Tristan, fils de saint Louis, et qui pourrait bien être, dit-il, celle qui est désignée dans notre poëme ; mais cette désignation, la bonne comtesse Yolande, ne devait s'adresser qu'à une princesse assez généralement connue pour qu'il n'existât aucune incertitude à son égard, et, si nous avons à choisir entre les deux Yolande, il ne nous paraît guère douteux que ce ne soit la comtesse de Hainaut que le trouvère ait voulu désigner, de préférence à toute autre. Enfin l'auteur de la translation en prose, qui vivait au XVIe siècle, soit sur l'autorité d'un document, soit en vertu d'une tradition existant encore de son temps, nous dit, en termes exprès, que cette *histoire fut premièrement rimée, escrite et ditée, à l'honneur de la contesse Yolant, tante du comte de Flandres et de Haynaut, nommé Baudouin, que finablement fut Empereur de Grèce, après la prise de Constantinople;* et son témoignage a quelque poids dans cette question délicate.

Le texte original de Guillaume de Palerme ne nous a été conservé que dans un seul manuscrit, celui de la Bibliothèque de l'Arsenal, côté B. L. F. 178. C'est un in-4° sur vélin de 157 feuillets à deux colonnes de 30 vers chacune, dont les 76 premiers contiennent le roman de l'Escoufle, à la suite duquel vient le nôtre. Chacun d'eux commence par une petite lettre historiée, en grande partie effacée, et dont il serait difficile de déterminer exactement le sujet. Au bas de la seconde colonne du v° 76 se trouve une petite miniature sur fonds d'or fort effacée également. Elle se divise en deux compartiments, dont celui du haut est partagé aussi en deux parties; celle de gauche représente deux femmes, l'une les mains jointes comme si elle implorait quelqu'un; dans celle de droite, on voit un animal de couleur blanche devant une femme qui pourrait bien être Alexandrine achevant de coudre un des deux amants dans une peau d'ours; le tableau inférieur représente un loup enlevant un enfant dans sa gueule et poursuivi par des hommes armés de bâtons; la miniature a 0,95 de haut et 0,65 de large. Le manuscrit, relié en maroquin rouge, doré sur tranches, comme la plupart des livres provenant de la bibliothèque du duc de La Vallière, mesure 0,170 de hauteur sur 0,185 de largeur. Sur le plat intérieur, on lit les notices qui suivent :

« Le héros du roman de l'Escouffle est un comte normand nommé Richard, qui, n'ayant point d'enfant, fait le voyage d'outre-mer pour en obtenir et, dans sa route, a beaucoup d'aventures. Le poëme porte le titre de l'*Escouffle,* parce que l'héroïne étant endormie, un épervier vint fondre sur elle et lui enleva un anneau et une aumônière qu'elle porte. Il y a dans le roman un peu de magie, beaucoup d'aventures galantes, et on peut le donner comme roman d'amour. »

« Celui de Guillaume de Palerme contient l'histoire du fils d'un roi de Sicile qui a épousé la fille d'un empereur de Grèce. Cet enfant se nomme Guillaume; mais, son oncle voulant le faire assassiner pour hériter du royaume, il est sauvé par un loup qui vient l'enlever sous les yeux de ses parens. Après diverses aventures, il arrive à Constantinople ; la jeune princesse Melior devient amoureuse de lui. De là mille aventures qui finissent par un mariage. Ce roman est de la classe du premier. »

Au verso du feuillet de garde, on lit : « Le Roman de l'Escouffle (oiseau de proye, faucon). Le Roman de Guillaume de Palerme. Ms. in-4° écrits sur vélin à deux colones dans le 13° siècle. Je ne conois que cet exemplaire de ces deux Romans. On en donnera un extrait. » Cette dernière phrase, qui est rayée, fait sans doute allusion à la Nouvelle Bibliothèque des Romans, qui contient en effet (t. II, p. 41-68. Paris, an VI) une analyse classée parmi les Romans de Féerie. Au dessous, d'une autre main, on lit : « Il ne paroît pas que celuy de l'Escouffle ait jamais été imprimé et je le crois même infiniment rare. Mais quant à celuy de Guillaume de Palerme et de la Belle Melior sa mie, il est plus commun. L'abbé Lenglet en cite plusieurs Mss. et une Édition Gothique sans date. V. l'Extrait que donne de ces 2 mss. M. de Barbazan dans ses notices sur d'anciens Mss. C'est de ce même exemplaire dont il parle qu'il a vu autrefois dans la Bib. de M. le duc de La Vallière à qui il a appartenu. » Avec la seconde partie de cette Bibliothèque, il passa aux mains du marquis de Paulmy, qui céda ses livres à M. le comte d'Artois, dont la bibliothèque prit le nom de l'Arsenal à la Révolution.

Dans sa Bibliothèque des Romans, Lenglet Dufresnoy cite en effet plusieurs éditions du roman en prose de Guillaume de Palerme et un seul manuscrit sans y ajouter aucune indication; quant aux notices de Barbazan, qui n'ont pas été publiées, il nous suffit de savoir qu'il a décrit le manuscrit de La Vallière; nous chercherons donc ailleurs des renseignements, qui vraisemblablement ont dû lui échapper.

La source la plus ancienne pour nous a été la Bibliothèque prototypographique de Barrois, où, sous la rubrique Libraries de Bourgogne, nous trouvons parmi les livres de Ballades et d'amours, au n° 1362 (p. 199) de l'Inventoire de la librarie qui est en la maison à Bruges, dressé en 1467 : « *Ung livre en parchemin, couvert de cuir rouge intitulé au dos :* C'est le Romant de Guille de Palerme, *historié, escript en* rimes, par coulombes, quemenchant, 𝕺ue sages fait, et le dernier feuillet, nul ne l'en fist noize. » Il faut remarquer que le début appartient au roman de l'Escouffle, qui précède, comme dans le manuscrit de La Vallière, celui de Guillaume, tandis que la seconde citation rapporte le premier vers du dernier feuillet du roman de Guillaume.

Dans l'𝕴nventoire dressé à Bruxelles en 1487, parmi les livres fort anciens et caducques..., mis en un coffre à part..., à la chapelle, se trouve mentionné n° 2139 (p. 302) : « *Ung autre couvert de cuir noir, à deux cloans de leton, intitulé :* 𝕷e 𝕽omant de 𝕲uille de 𝕻alerme, *comenchant au second feuillet,* 𝕺ui par son sens et par savoir, *et finissant au derrenier,* que a bonne fin puissions venir. » C'est sans doute le même qui, dans l'inventaire des livres de Charles-Quint, fait à Bruxelles au mois de mai 1536 (1), est décrit ainsi : « *Autre moien livret en parchemin escript à la main couvert de cuyr noir à deux clouans, intitulé :* ℭ'est le 𝕽ommant de 𝕲uillaume de 𝕻alerme, *commenchant au second feuillet :* par son sens et par savoir. » Cette citation se rapporte au premier vers du second feuillet de l'Escouffle, et non à Guillaume de Palerme, et nous montre encore ici les deux romans réunis, d'où l'on peut conclure qu'il existait au xv° siècle deux manuscrits contenant le roman de l'Escouffle et celui de Guillaume de Palerme, complétement identiques entre eux et avec celui de l'Arsenal. Ils ne différaient que par la reliure et par l'or-

(1) *Bulletin de la commission royale d'histoire de Belgique*, t. XII, p. 199.

nementation que désigne le mot *historié* appliqué au premier, à moins qu'on n'entende par là la petite miniature placée à la suite de l'Escouffle ; peut-être aussi avec cette dernière explication faut-il admettre, malgré la rareté du fait, que la reliure primitive en cuir rouge du manuscrit de Bruges, en passant à Bruxelles, a été remplacée par une couverture de cuir noir, à deux clouans, ce qui réduirait les deux manuscrits à un seul, identiques, disons-nous, par la disposition de l'écriture et qui serait bien celui que nous publions aujourd'hui. On pourrait cependant admettre que, selon toute probabilité, il en a existé encore deux autres qui ont servi à l'auteur de la traduction anglaise et à celui de la translation en prose.

La version anglaise a été composée vers 1350, par un écrivain nommé William, sur le commandement de sir Humphrey de Bohun, comte de Hereford, sixième du nom de Bohun et troisième fils de Humphrey de Bohun, quatrième comte de Hereford, et d'Élizabeth Plantagenet, septième fille d'Édouard Ier ; par conséquent neveu d'Édouard II et cousin d'Édouard III. Sir Humphrey paraît avoir été confondu par Froissart avec son frère Guillaume de Bohun, comte de Northampton, en faveur de qui il résigna, par raison de santé, son office de connétable d'Angleterre ; il avait succédé dans le titre de comte de Hereford, à l'âge de vingt-quatre ans, à son frère John, mort sans postérité en 1335-36 ; il mourut lui-même le 15 octobre 1361 sans avoir été marié. Comme la langue usuelle à la cour d'Angleterre était le français, ce n'est sans doute pas pour son usage qu'il fit faire cette traduction, mais dans l'intérêt des personnes de la classe moyenne qui ne comprenaient pas la langue de l'original. Elle comprend 5,540 vers, c'est-à-dire à peu près moitié du poëme français ; mais le vers anglais étant de douze syllabes au lieu de huit, la traduction suit presque pas à pas l'original, sauf un petit nombre de passages peu intelligibles sans doute pour le traducteur et que par ce motif il a cru pouvoir abréger.

La version anglaise a été publiée pour la première fois en 1832 pour le Roxburghe Club, d'après le manuscrit unique conservé à la bibliothèque du King's College à Cambridge, par sir Fr. Madden, du British Museum, connu dans les lettres par des travaux d'une profonde érudition ; elle a été tirée à très-petit nombre. L'éditeur a joint au texte une préface qui traite les points les plus importants de l'original français et de la traduction anglaise ; elle nous a fourni de précieuses indications.

En 1867, M. Walter W. Skeat, de Christ's College à Cambridge, en a donné une nouvelle édition qui forme le premier volume *Extra Series* des publications de la Société des anciens textes anglais. Il y a reproduit la préface de sir Fr. Madden en y ajoutant des notes substantielles qui complètent et parfois rectifient les indications de celui-ci, avec un index et un glossaire : le texte est en outre accompagné de manchettes qui donnent un résumé exact du poëme. Cette publication peut être considérée comme une des meilleures de cette importante collection ; elle fait ressortir avec éclat ce que la littérature anglaise, si originale sous certains rapports, a emprunté à celle de la France au moyen âge.

Comme nous l'avons dit plus haut, nous possédons aussi une version en prose du roman de Guillaume, qui a eu plusieurs éditions. Elle porte pour titre : « *L'histoire du noble | preux et vaillant chevalier* « *Guil | laume de Palerne et de la belle Melior. | Le-* « *quel Guillaume de Palerne fut fils du Roy de Ce-* « *cille. | Et par fortune et merveilleuse adventure* « *devint | vacher. Et finalement fut Empereur | de* « *Rome sous la conduicte d'un Loupgarou fils au* « *Roy | d'Espaigne.* » (Éd. de Costé.) L'auteur ou plutôt le translateur, comme il s'intitule lui-même, paraît être un certain Pierre Durand, bailli de Nogent-le-Rotrou au Perche, cité par Lacroix du Maine dans sa Bibliothèque française (t. II, p. 272, éd. de 1772). Pierre Durand, que nous croyons avoir vécu dans la première moitié du XVIe siècle, ne se nomme pas positivement, mais sir Fr. Madden a découvert son nom, qui avait échappé aux recherches de Dibdin, dans un acrostiche de douze vers placé en épilogue : nous supposons même que Pierre Durand a soulevé le voile de l'anonyme plus que sir Fr. Madden ne semble le croire, en se désignant lui-même dans le dernier vers par ces mots :

Doncques ne quiers que en durant durer ;

hypothèse qui nous paraît d'autant plus admissible, que Lacroix du Maine, après avoir mentionné divers ouvrages en vers latins et français composés par Pierre Durand, insiste sur son goût pour les énigmes, dont il donne comme spécimen l'inscription suivante gravée sur sa maison :

De pierre blanche je fuz faicte durand fevrier.

Pour en faire apprécier la finesse, il nous apprend que la première femme de Pierre Durand se nommait Blanche Fevrier; en sorte que cette inscription paraissait offrir un tout autre sens, inexplicable pour ceux qui cherchaient à le deviner, en énonçant le nom de ceux qui avaient construit cette maison. Malgré les changements survenus dans les mœurs et les usages depuis près de trois siècles, les productions des temps passés répondaient encore si bien aux goûts du public, que l'on vit alors se multiplier les versions en prose de la plus grande partie des anciennes chansons de geste et des romans d'aventures sous la forme de rajeunissements qui les rendaient plus accessibles aux lecteurs. C'est ce que nous apprend Pierre Durand dans son prologue, où il s'exprime ainsi : « ..... *Par aucun mien amy, fut à moi*
« *humble translateur et traducteur de la presente*
« *histoire presenté l'ancien livre, auquel elle estoit*
« *contenue, quasi comme en friche en grand danger*
« *d'estre perdue, adnichilée, et enrouillée d'oubly. Et*
« *ce considerant le langage qui estoit Romant anti-*
« *que rimoyé en sorte non intelligible ne lisible à*
« *plusieurs favorisans à leur requeste come de chose*
« *tres-convenable ay traduict et transferé le langage*
« *de cette histoire en langage moderne François pour*
« *à chacun qui lire le voudra estre plus intelligible.* »
Malgré une intention si nettement exprimée, le *fran-*

çois moderne de Pierre Durand a tellement vieilli à son tour, qu'il est plus pénible à lire aujourd'hui que le texte ancien ; toutefois, il suffisait aux besoins d'alors ; aussi cette translation a-t-elle eu plusieurs éditions sur le nombre desquelles on n'est pas d'accord. Sir Fr. Madden, le premier éditeur du texte anglais, en compte trois : une de Nicolas Bonfons, in-4° gothique, sans date; la seconde de Lyon, 1552, de Nicolas Arnoult, et une troisième par la veuve de Louis Costé, vers 1632, et du même lieu, ce qui est une erreur évidente, l'exemplaire de Huet que nous avons sous les yeux portant textuellement : « A Rouen | Chez la Vefve de Louys Costé, rue Escuyere, aux | trois ††† Couronnées. » M. Walter W. Skeat en cite une quatrième, imprimée à Rouen par Louys Costé (vers 1620), dont il se trouverait au British Museum un exemplaire coté 12513 *e;* mais peut-être y a-t-il là confusion avec la précédente. Dans tous les cas, il faudrait admettre au moins quatre, sinon cinq éditions ; car, en comparant les deux exemplaires de la soi-disant unique édition de Bonfons qui se trouvent à la Bibliothèque nationale (Y^2 215), on voit que les deux titres présentent des différences marquées : l'un d'eux, indépendamment de quelques autres particularités, porte seul au verso une gravure sur bois représentant la Justice et Mars ; elle se trouve encore répétée au dernier feuillet. Le texte offre bien la même disposition et le même caractère dans le corps de la composition, mais la plupart des lettres fleuronnées en tête des chapitres diffèrent complétement comme dessin ou comme ornementation ; en outre, plusieurs bois manquent à l'un des exemplaires, où ils sont remplacés par une autre planche reproduite ainsi plusieurs fois : d'où on peut conclure que Nicolas Bonfons a donné de l'histoire de Guillaume de Palerme une deuxième édition ou tout au moins une réimpression qui offre des différences assez notables avec celle des deux qui sera considérée comme la première. Cette version en prose ne termine pas l'histoire des diverses transformations qu'a subies le roman du XII° siècle : pour être complet, il faut encore citer, malgré son peu de valeur, l'analyse qui a paru dans la *Nouvelle Bibliothèque des Romans,* t. II, p. 41-68 (Paris, an VI, in-12), mentionnée plus haut, et enfin celle que M. Littré a publiée avec d'assez nombreux extraits dans l'*Histoire littéraire de la France*, t. XXII, p. 829.

Telles sont les phases par lesquelles a passé le poëme que nous publions dans sa rédaction primitive ; malgré la longueur de ces observations, qui cependant effleurent à peine les questions littéraires qui se rattachent à ce sujet, il nous reste à dire quelques mots sur la manière dont le texte a été établi. A défaut d'autres manuscrits dont les variantes auraient servi à corriger les erreurs de copiste ou à compléter le sens qui présente, dans divers passages, des lacunes pour lesquelles la traduction anglaise et la version en prose n'offraient pas d'indications suffisantes, nous avons essayé d'y suppléer par des conjectures. Dans la conviction que les poëtes du temps observaient rigoureusement les règles de la mesure et de la rime, c'est sur ces deux points que nous avons porté notre attention; mais, en cherchant à donner un texte aussi correct que possible, nous avons placé en note la leçon du manuscrit afin de ne pas induire le lecteur en erreur; nous avons signalé par des lignes ponctuées les lacunes qui n'ont pu être complétées.

Le roman de Guillaume nous offre la bonne langue française que l'on parlait et que l'on écrivait dans les provinces du Nord-Est, vers la fin du XIIe siècle ou au commencement du XIIIe. Les formes d'un dialecte particulier y sont rares et peu accusées, aussi le texte est généralement clair et ne présente pas de difficultés. Nous nous étions cependant proposé d'y joindre un glossaire : des circonstances pénibles ont arrêté l'exécution de ce projet; néanmoins, il peut se présenter plus tard une occasion qui permette de le réaliser. Et maintenant nous croyons ne pouvoir mieux terminer notre tâche qu'en adressant des remercîments tout particuliers à M. Gaston Paris, commissaire de la publication, en raison du soin scrupuleux qu'il a mis à revoir les épreuves, et surtout du concours obligeant qu'il nous a prêté pour établir un texte qui doit la plus grande partie de ses améliorations aux ingénieuses et savantes restitutions de cet éminent philologue. C'est pour nous un devoir et un plaisir de lui rendre publiquement cet hommage.

GUILLAUME
DE PALERNE

GUILLAUME DE PALERNE

Nus ne se doit celer ne taire, (f° 77)
S'il set chose qui doie plaire,
K'il ne le desponde en apert ;
Car bien repont son sens et pert
5 Qui nel despont apertement
En la presence de la gent.
Por ce ne voel mon sens repondre
Que tot li mauvais puissent fondre,
Et cil qui me vauront entendre
10 I puissent sens et bien aprendre ;
Car sens celés qui n'est ois
Est autresi, ce m'est avis,
Com maint tresor enfermé sont,
Qui nului bien ne preu ne font,
15 Tant comme il soient si enclos.
Autresi est de sens repos :
Por ce ne voel le mien celer,
Ançois me plaist a raconter,
Selonc mon sens et mon memoire,
20 Le fait d'une anciene estoire
Qui en Puille jadis avint
A un roi qui la terre tint.

Li rois Embrons fu apelés ;
Mult par fu grans sa poestés.
25 Bien tint em pais sa region

Et mult par fu de grant renon.
Moillier avoit gente roine,
Gentil dame de franche orine
Et fille au riche empereor (*b*)
30 Qui de Gresse tenoit l'ounor.
Felise avoit a non la dame;
Mult fu amée en son roiame.
N'avoient c'un tot seul enfant,
Petit tousel ne gaires grant.
35 De quatre ans ert li damoisiax
Qui a merveilles estoit biax.
Guilliaumes ot l'enfes a non;
Mais la roine tout par non
L'ot a deus dames commandé
40 Qu'ele amena de son regné.
Gloriande est l'une noumee,
Acelone est l'autre apelee.
Celes le commande a garder
A enseignier et doctriner,
45 Moustrer et enseignier la loi,
Comme on doit faire fil a roi.
En eles s'est asseuree,
Mais traie est et enganee
Et deceue laidement :
50 Mult porrés bien oir comment.

Li rois Embrons un frere avoit
A cui li regnes escaoit,
Et cil douna tant et promist
Et tant porchaça et tant fist
55 As gardes qui l'enfant gardoient,
Que dit li ont qu'il l'ocirroient
Et le roi meisme ensement.
Ja ont porquis l'enherbement

Dont il andoi mort recevront, (c)
60 Se Diex nel fait, li rois del mont.

En Palerne orent sejorné
Un mois entier, en la cité,
Entre le roi et la roine.
Desous le maistre tor marbrine
65 Ot un vergier merveilles gent,
Tot clos de mur et de cyment;
S'i ot mainte sauvage beste.
Un jor par une haute feste
I vint esbanoier li rois.
70 Si chevalier et si borjois
Et maint baron i sont venu;
La roine meisme i fu.
Celes qui l'enfant ont en garde,
Cui male flambe et maus fus arde,
75 Mais por ce ne le font noient,
L'ont mené avoec l'autre gent;
Que s'el seussent la dolour
Qui de l'enfant avint le jour...

Par le vergier li rois ombroie
80 Et la roine a mult grant joie;
Mais ne sevent com lor grans dex
Lor est presens devant lor ex.
L'enfes florretes va cuellant;
De l'une a l'autre va jouant.
85 A tant esgardent la ramee :
Saut uns grans leus, goule baee.
Afondant vient comme tempeste;
Tuit se destornent por la beste :
Devant le roi demainement (d)
90 Son fil travers sa goule prent.

65 vergiez — 71 et — 78 jor; *lacune après ce vers*

A tant s'en va, mais la criee
Fu après lui mult tost levee.
Lieve li dels, lieve li cris
Del fil le roi qui est trais.
95 La roine souvent s'escrie :
« Aidiés, aidiés, sainte Marie !
« Maisnie au roi, que faites vous ?
« Ja me morrai, s'il n'est rescous. »

Li rois demande ses chevax
100 Et fait monter tous ses vassax :
Toute la ville s'i esmuet ;
Cascuns i keurt plus tost qu'il puet.
Li rois le siut a esperon.
Le gart açaingnent environ ;
105 Mais li leus en est fors saillis ;
A la campaigne s'estoit mis.
L'enfes sovent s'escrie et brait :
Li rois l'entent qui après vait,
Garde, sel voit monter un mont ;
110 De tost aler sa gent semont :
Donques se paresforcent tuit.
Li leus a tout l'enfant s'enfuit.
Fuit s'en li leus et cil après
Qui de l'ataindre sont engrès :
115 De si au Far le vont chaçant :
Il saut en l'eve a tout l'enfant.
Le Far trespasse, perdu l'ont
Li rois et cil qui o lui sont.
Ensi s'en va en tel maniere   (f° 78)
120 A tout l'enfant la beste fiere.
Li rois arriere s'en retorne.
Mult a le cuer et triste et morne
De son enfant qu'a si perdu ;
A la cité sont revenu.

97 vos — 105 en *manque*

125 La roine maine tel duel,
Morte voudroit estre son vuel ;
Pleure sovent et crie et brait,
A la beste son fil retrait :
« Fix, dous amis, » fait la roine,
130 « Tendre bouche, coulor rosine,
« Chose devine, espiritex,
« Qui cuidast que beste ne leus
« Vos devorast? Dix, quel eur!
« Lasse, por coi vif tant ne dur?
135 « Fix, ou sont ore ti bel oeil,
« Li bel, li simple, sans orguel,
« Tes frons li gens, et ti bel crin
« Qui tuit sembloient fait d'or fin,
« Ta tandre face et tes clers vis?
140 « Ha! cuers, por coi ne me partis?
« Qu'est devenue ta biautés
« Et tes gens cors et ta clartés;
« Tes nés, ta bouche et tes mentons
« Et ta figure et ta façons,
145 « Et ti bel brac et tes mains blanches
« Et tes rains beles et tes hanches,
« Tes beles jambes et ti pié?
« Lasse, quel duel et quel pechié!
« Ja devoies tu estre fais   (*b*)
150 « Por devises et por souhais ;
« Or es a leu garoul peuture,
« Li miens enfes ; quele aventure!
« Mais je ne cuit, por nule chose
« Beste sauvage soit si ose
155 « Que ton gent cors ost adamer,
« Plaier, sanc faire ne navrer ;
« Ne cuit que ja Dame Dieu place
« Ne que tel cruauté en face. »

---

140 et *manque* — 155 qui

Ensi la dame se demente,
160 Ensi por son fil se gaimente,
Ensi le ploure, ensi le plaint.
Mais tant le castoie et constraint
Li rois, que tout laissier li fait
La dolor qu'ele maine et fait.
165 Ensi la dame se rapaie;
Mais or est drois que vos retraie
Del leu qui o l'enfant s'enfuit.
Tant l'a porté et jor et nuit
Et tante terre trespassee
170 Que près de Roume, en la contree,
En une grant forest s'arreste
Ou ot mainte sauvage beste.
La se repose huit jors entiers.
L'enfant de quanques fu mestiers
175 Li a porquis la beste franche :
Onques de rien n'ot mesestance.
En terre a une fosse faite
Et dedans herbe mise et traite
Et la feuchiere et la lihue (c)
180 Que par dedens a espandue.
La nuit le couche joste soi
Li leus garous le fil le roi,
L'acole de ses .iiii. piés;
Si est de lui aprivoisiés
185 Li fix le roi que tost li plaist
Ce que la beste de lui fait.

Uns vachiers qui vaches gardoit,
Qui en cele forest manoit,
El bois estoit avoec sa proie,
190 Un chien tenoit en sa coroie;
De pasture la nuit repaire :
Li chiens senti l'enfant et flaire,
Forment abaie et cil le hue.

L'enfes a tel paor eue,
195 Qui de la fosse estoit issus,
C'arriere s'est ens referus.
Em proie ert alés li garous;
Li enfes est remés tos sous.
Quant ot le chien qui si abaie,
200 De la paor mult s'en esmaie;
Tant fors s'escrie a haute vois
Que tos en resoune li bois.

Quant li vachiers entent l'enfant,
Cele part est alés courant.
205 Ot le plorer en la loriere :
Merveille soi de grant maniere;
Bien pense et croit que l'i a mis
Beste dont il estoit ravis.
Vers lui s'abaisse et si l'apele;   (d)
210 Mult le blandist et afavele.
Tant doucement l'atrait a soi
C'o lui s'en vait li fix le roi,
Et cil entre ses bras le prent.
A tant s'en vait isnelement,
215 A sa maison est revenus;
Ainc grignor joie ne vit nus
Que la feme au vachier en fist.
Son non demande et il li dist
Que Guilliaumes avoit a non.
220 La preude feme et li preudom
En sont mult lié, mult le conjoent,
Mult forment le prisent et loent
La biauté dont il avoit tant.
N'orent onques eu enfant,
225 Dient c'or en feront lor oir;
S'avra lor terre et lor manoir.
Ensi ont dit; mais or oiés
Del leu qui estoit repairiés

De la viande qu'ala querre
230 Par les vilaus et par la terre
A ues l'enfant; tant en avoit
Que a grant paine la portoit;
Et quant l'enfant n'a retrouvé,
Onques nus hon de mere né
235 Ne vit a beste tel duel faire.
Qui li oist uller et braire
Et les piés ensamble detordre
Et la terre engouler et mordre.
Esrachier l'erbe et esgrater (f° 79)
240 Et soi couchier et relever,
Et comme il s'ocit et confont,
Et querre aval et querre amont
Et les larmes fondre des ex,
Bien peust dire si grans dex
245 Ne fu par nule beste fais.
Lors est saillis ens el markais,
Si met a la terre le nés :
Tout si com l'enfes est alés,
De si ou le mist li vilains
250 Le suit li leus de rage plains.
Tant l'a sui a esperon
Que venus est a la maison
Ou li enfes portés estoit.
Par un pertruis de la paroit
255 A esgardé, si l'a veu ;
Et l'ont assis dalés le fu.
Si l'aplanient de lor mains
Et la vachiere et li vilains,
Et font quanqu'il puissent savoir
260 Qu'il voelle et qu'il puissent avoir.

Quant li garox voit de l'enfant
Que cil li font joie si grant
Et que mult sera bien gardés

Et qu'a boin oste estoit remés,
265 Mult en est liés et fait grant joie;
Parfont encline et vait sa voie,
Ne sai quel part, en s'aventure.
Li rois de toute creature
Le destourt de mal et d'anui! (b)
270 Ichi poés oir de lui
Qui il estoit, ne qui il fu,
Ne comment il ert avenu :
Ainc tel merveille nus n'oi.
Li leus warox dont je vos di
275 N'iert mie beste par nature,
Si com raconte l'escriture;
Ançois ert hom et fix a roi,
Et sai vos bien dire por coi,
Com li avint et qui li fist.
280 Si com l'estoire le nos dist,
Il estoit fix le roi d'Espaigne
De sa feme la premeraine.
De lui estoit morte sa mere;
Feme reprist le roi ses pere,
285 Fille le roi de Portingal.
Mult sot la dame engien et mal;
Sorceries et ingremance
Avoit mult apris de s'enfance.
Bien sai que Brande fu nomee.
290 De mult de gens estoit loee.
De son signor avoit .I. fil,
Biau damoisel, franc et gentil :
Brandins ot non, ce dist l'escris,
D'eage joules et petis.
295 Oiés que fist la male feme :
Vit que issi faitement regne ;
De son fillastre a tele envie, (c)
N'en portera, s'el puet, la vie,

279 dist — 289 fu sa mere

Ou en tel point le metera,
300 Jamais roiaume ne tenra.
D'un oingnement li oint le cors
Qui tant estoit poissans et fors,
Tant par estoit de grant vertu,
Si tost com l'enfes oins en fu,
305 Son estre et sa samblance mue
Que leus devint et beste mue.
Leus fu warox de maintenant :
Ce que de lui fu aparant
A tout perdu, son essient.
310 Volt s'en fuir isnelement,
Car tres bien set, se or est pris,
N'escapera ne soit ocis.
Mais ains que gerpesist la terre,
Vers sa marastre mut tel guerre,
315 Seure li cort geule estendue,
Se la gens n'i fust acourue
Qui de la mort l'ont bien tensee.
Maintenant a une huee
Le leu assalent por ocire ;
320 Huent et chacent par grant ire,
Grant noise mainent par la vile,
Plus l'en enchaucent de trois mile ;
Et cil s'en fuit qui bien se coite ;
Tant par s'esvertue et efforce
325 Qu'a grant paine d'aus se depart.
Tant l'a sievi et tempre et tart,
Si com je truis en ceste estoire,
En Puille vint en un tempoire
Cil dont vos ci dire m'oés : (d)
330 Travailliés fu et mult penés.
En la terre fu puis deus ans ;
Mult devint fiers et fors et grans.
Bien sot le plait et le desroi

305 sa *manque* — 316 que

Que dut faire du fil le roi
335 Ses oncles, li traitres lere.
De son neveu et de son frere
Ne pot souffrir la grant dolor,
Ne le buffoi au traitor.
Por ce l'enfant ensi ravi,
340 Si comme arriere avés oi.

A tant le voel de lui laissier :
Bien i savrons mais repairier ;
Une autre fois i revendrons
345 Quant tans en iert ; mais or dirons
Del fil le roi, del damoisel
Que cil norrissent bien et bel
Et font quanqu'il li pueent faire
Qui li doie valoir ne plaire,
Et tot autresi faitement
350 Com lor enfant demainement ;
Et que plus croist et plus amende,
Tant se voient il plus en grande ;
Et cil les sert par tel dousor
Comme sa mere et son signor :
355 Car bien cuidoit qu'il fust ses pere
Et la vachiere fust sa mere.
Hé, Dix ! comme ot cangié son estre,
Com fix a roi qu'il devoit estre !

Bien l'ont ensi norri set ans ; (*f*° 80)
360 Mult estoit ja et preus et grans
Et a merveilles gens et biax.
En champ alloit li damoisiax
Avoec son pere le vachier
Qui mult l'amoit et tenoit chier.
365 Bien set ja ses bestes garder,

334 Com

Chacier avant et retorner
Et mener en millor paisson.
De l'arc savoit plus que nus hom
Berser et archoier et traire.
370 La nuit quant a l'ostel repaire,
Vient tos chargiés li damoisiax
De lievres, de connins, d'oisiax
Et de pertris et de faisans.
Mult ert amés de tos enfans,
375 Car quant ses oisiax avoit pris
Por son deduit et por son pris,
Ses compaignons les donoit lues :
Ja n'en retenist a son ues
De si que tot cil en avoient
380 Qui en sa compaignie estoient.
Mult leur estoit bons et entiers,
Et mult le faisoit volentiers,
Car drois le semont et nature
Qui prueve toute creature
385 A son droit et a son usage.
Ensi fu l'enfes el boscage
Ou gardoit les vaches son pere,
Dusqu'a un jor que l'emperere
Qui donc ot Rome a justicier,   (b)
390 Vint en cele forest chacier.
Mult amena cele foiie
Ensamble o lui gente maisnie ;
Mais trestot seul l'orent guerpi
Por un sengler qu'orent choisi
395 Que li chien acuelli avoient
Qui en cele forest chaçoient.
De lui s'ierent tuit eslongié
Cil a cheval et cil a pié,
Que d'aus ne puet riens nule oir
400 Ne chien crier, ne cor tentir.

Ensi par la forest aloit
Tot escoutant se ja orroit
Ne cri de chien, ne moienel,
Car ne li estoit mie bel
405 Qu'ensi estoit tos seus remés :
En une voie est arrestés.
Si comme iluec estoit tos sous,
A tant es vos que li garous
Vient devant lui un cerf chaçant :
410 De pren en pren le va sivant,
Et l'empereres cort après :
Tant l'a sui tot a eslès
Que sor l'enfant s'est embatus.
Mais il ne set qu'est devenus
415 Li cers ne li garox andui;
Si li torne a mult grant anui.
L'enfant regarde, s'arresta :
A grant merveille se seigna
De sa biauté, de sa samblance. (c)
420 Et de sa noble contenance.
Merveille soi qui il puet estre,
Ne de quel gent ne de quel estre;
Cuide chose faée soit,
Por ce que seul illeuc le voit.
425 Mult l'arraisne amiablement;
Si li a dit mult doueement :
« Comment aves vo non, biau frere?
— Guillaume, sire. » Et l'emperere
Li dist : « Et quex fix estes vos?
430 — Par Dieu, sire, qui fist nos tos
« Ne vos poist mie, s'il vos plest :
« Un vachier de ceste forest
« Cui ces vaches sont que si gart. »
Dist l'emperere : « Ou est, quel part?
435 « Car le fai or parler a moi.

408 garox — 410 la va — 430 tous — 432 Un svachiers — 434 Ou ist

— Non ferai, biax sire. — Et por coi?
— Car je ne sai que vos volés,
« Qui vos estes, ne que querés,
« Ne se volés riens se bien non.
440 — Ja ne me face Dix pardon,
« Biax dous amis », fait l'emperere,
« S'anui ne mal i a tes pere;
« Mais va i tost tot asseur.
— Sire, » fait cil, « a boin eur. »
445 Plus tost qu'il puet i est corus :
« Biax pere, » fait il, « levés sus,
« Si venés ça a un signor
« Qui vos demande tote jor;
« N'onques plus bel de lui ne vi.   (d)
450 — Deis li tu que g'iere ci? »
Fait li vachiers, cui mult deplaist.
« Oil, biau sire. — Mal dehait
« Aiés vos, quant vos le pensastes,
« Ne quant vos a lui m'enseignastes ! »
455 Dist li vachiers au fil le roi.
Et cil respont : « Sire, por coi?
« Certes or avés vos grant tort.
« Un serement m'a fait si fort,
« Que, si li face Diex pardon,
460 « Ja n'i arés se grant preu non. »
Quant l'empereres les entent,
Vers aus s'est trais isnelement.
Li vachiers contre lui se lieve,
Cui mult anuie fort et grieve
465 De ce que cil l'ot enseignié.
L'empereres l'a arraisnié
Et dist : « Vachiers, connois me tu ? »
Et li preudom a respondu :
« Naie, sire, si m'ait Diex,
470 « Ne mais ne vos vi de mes iex.

436 ferai sire

— Ne connois tu l'empereor ?
— Non, sire, par le creator,
« Que si près ne lui sai aler
« Que je le puisse raviser,
475 « N'onques encore ne le vi. »
Dist il meismes : « Vois me ci :
« Ce sui je qui parole a toi.
« Or te conjur je par la foi
« Que la riens dois que plus chiere as (*f*° 81),
480 « Se tu cest enfant engendras ;
« Cui fix il est, toi ou autrui,
« Ne, si puisses joir de lui,
« Qui l'a norri : di m'ent le voir ;
« La verité en voel savoir. »

485 Li vachiers tremble de paor,
Quant ot parler l'empereor
Que onques mais n'avoit veu.
Tot en tremblant a respondu,
Car mult redoute li preudon
490 Que ne mespregne a sa raison.
Un poi en sus de lui se traist
Et dist : « Biau sire, s'il vos plaist,
« La verité vos en dirai.
« En ceste forest le trouvai.
495 « Assés près dont nos somes ore.
« Bien a set ans, ou plus encore,
« Qu'en ma maison l'en aportai ;
« Car tot sans garde le trovai.
« Si l'avons gardé et norri
500 « C'onques noveles puis n'oi.
« A bourc, n'a vile, n'a chastel
« Qui demandast le damoisel.
« Mais n'a plus france creature

473 ne vos — 474 je vos

« Tant comme ciex et terre dure,
505 « Mix afaitié ne plus cortois,
« Plus servicable en tos endrois,
« Plus large ne plus debonaire;
« Que par trestout le saintuaire
« Del baron saint Pierre de Rome.
510 « Or vos en ai dite la somme, *(b)*
« Tout si comme il est avenu. »
L'empereres a respondu :
« Buer l'avés fait, sire preudom.
« Vos en avrés boin guerredon
515 « Ançois que passent gaires jor.
« Mais or me di, en quel ator
« Estoit il quant tu le trouvas?
« C'avoit vestu, ne com fais dras?
— Sire, » fait il, « tos les plus biax
520 « C'onques eust nus damoisiax,
« Trestous vermax et pains a flor
« Et mainte soie d'or entor.
« Onques nus hom plus biax ne vit. »
Et l'empereres li a dit
525 Que avoec lui mener l'en velt,
Et cil respont, qui mult s'en delt,
Qui ne li ose contredire,
Que son boin face comme sire,
Tot son plaisir, tot son talent.
530 Mult s'esmerveille durement
L'enfes quant ot qu'il n'estoit mie
Fix le vachier; des iex larmie
Et pleure par mult grant tendror.
Dist l'empereres par amor :
535 « Amis Guillaume, ne t'esmaies.
« Que bien et honor assés n'aies.
« Mais monte ça, ne t'atargier,
« Derriere moi, sor mon destrier.
« Si en irons, car trop sui ci. »
540 Et cil respont : « Sire, merci.

« Je ne sai certes que je face; (c)
« Ne voel qu'a mon signor mesface
« Ne a ma dame de maison.
— Si ferés, fix, » dist li preudon,
545 « Car grans biens vos en puet venir.
« Si soiés prex du deservir
« Et de faire tot son voloir,
« Et quanques vos poés savoir
« C'on doie a si haute cort faire;
550 « Si soiés frans et debonaire
« Et servicables et temprés.
« Ne soiés pas desmesurés
« Ne outrageus, fel ne estous,
« Et vos faites amer a tous;
555 « Ne de ton droit ne te destort
« Nus plus prisiés de toi en cort
« Que vos si bien nel deteigniés,
« Que tort ne blasme n'i aiés.
« Ta parole garde et tes dis,
560 « Que tu ne soies entrepris,
« Si que blasmer ne vos en sace
« Nus hom en rue ne en place.
« As povres vos humeliés,
« Contre les riches lor aidiés.
565 « En cort si haute emperial
« Mult i sont cointe cil vassal;
« Mult voelent bien que lor paroles,
« Soient sages u soient foles,
« Aient lor lieus, soient oies
570 « Et chier tenues et joies.
« Nus ne vos i prenge a vo tort;
« Mais de ton droit te truissent fort; (d)
« Ne troveras qui le t'apreigne.
« Biax fix, por Dieu, vos en soviengne;
575 « Mon pere oi dire cest conte,
« Qui en son tans servi un conte :
« Longement fu en sa maison;

« Sovent me faisoit cest sermon :
« Je le t'ai dit; or le retien.
580 « Cil Diex qui tot le mont fait sien,
« Il gart ton cors. » Lors prent congié,
Tendrement pleure de pitié
Li damoisiax et li vachiers,
Et cil li dist : « Biau sire chiers,
585 « Salués moi ma douce dame;
« Que Diex vos mire et rende a l'ame
« La norreçon qu'avés andoi
« Faite si loiaument de moi.
« Bien cuidoie vostre fix estre,
590 « Par le signor qui me fist nestre;
« Et si ja Diex par son plaisir
« Me consent a honor venir,
« Ne m'ariés norri en vain.
« Salués moi Huet le nain,
595 « Et Hugenet et Aubelot,
« Et Martinet le fil Heugot,
« Et Akarin et Crestiien,
« Et Thumassin le fil Paien
« Et tos mes autres compaignons. »
600 Li empereres ot les nons :
Forment s'en rit et fait grant joie ;
Monter le fait et tient sa voie.

Par la forest s'en va errant, (f° 82)
Et li vachiers remaint plorant
605 Del damoisel c'aler en voit
Que l'empereres emportoit.
Mult l'en est li cuers engroissiés;
A sa moillier est repairiés,
Totes moillies les maisseles
610 De caudes larmes et noveles,

604 remait

Dont tant se plaint et desconforte.
Tot si com l'emperere emporte
Le damoisel conte sa feme :
A poi ne marvie et forssene
615 Cele quant la novele entent.
Mult le regrete doucement,
Sa grant biauté et son servise,
Et sa proece et sa franchise,
Son sens le grant et sa mesure;
620 Mult a maudite l'aventure
Que l'emperere ensi l'emporte;
Del tot se fust ocise et morte,
Jamais sa bouche ne mangast,
Se cil ne la reconfortast
625 Qui li dist de l'empereor
Que, a brief terme et sans lonc jor,
L'en devoit rendre tel deserte,
Jamais nul jor n'aront poverte.

Ensi cele se raseure.
630 Tant a erré par aventure
Par la forest li emperere
O l'enfant qui derrier lui ere,
Qu'a retrovee sa maisnie.
Ja estoit torssee et garnie
635 De quatre senglers qu'orent pris;
Ja s'estoient el retour mis,
Quant il voient venir errant
L'empereor a tout l'enfant
Que derriere lui aportoit.
640 Por la biauté que tant avoit
S'en esmerveillent li pluisor
Et demandent l'empereor
Ou fu tex proie gaaignie :
« Signor, Diex qui pas ne m'oublie
645 « Ce m'a par sa merci douné. »
A tant se sont tuit arrouté.

A Rome sont repairié droit.
L'emperere une fille avoit
Qui Meliors fu apelee ;
650 Mais ainc ne fu de mere nee
Nule plus bele ne plus sage,
Et meisme de tel aage
Com Guillaumes pooit bien estre ;
Mult par fu cortoise et honeste,
655 Plaine de francise et d'ounor.
A tant es vos l'empereor
Qui de l'enfant li fait present ;
Cele mercis et grés l'en rent
Plus de cent fois et se li prie,
660 Se il li plaist, que il li die
Ou estoit pris cis damoisiax
Qui tant par est et gens et biax,
S'iert fix a roi ou duc ou conte.
Et li emperere li conte
665 Comment Diex li ot envoié, (c)
Et que l'avoient seul laissié
Si home tuit et degerpi,
Et comment sor lui s'embati
Par un leu qui un cerf chaçoit,
670 Et comme en la forest gardoit
La vacherie a un preudome,
Et com de lui li dist la some
Toute si comme il l'ot trouvé
Et autresi bien acesmé
675 De riches dras batus a or,
Com s'il fust fix roi Alphinor
Qui sire et rois est de Hongrie
Qui si est de tos biens garnie,
Ne adonques à icel tans
680 N'avoit mie plus de quatre ans,
Et norri puis set ans tos plains ;

673 tout — 678 plentive

Et com grant duel fist li vilains,
Quant il l'enfant en aporta.
Trestot li dist et raconta
685 Si come il l'ot oi parler,
Et com li rouva saluer
Sa mere qui l'avoit norri
Et tos ses compaignons ausi,
Et com nouma cascun par non :
690 « Fille, Guillaumes a a non
« Li damoisiax, » fait l'emperere.
« Je cuit par le baron saint Pere
« Qu'il est de mult tres hautes gens,
« Car mult par est et biax et gens
695 « De cors, de vis et de faiture;
« Encor orrons par aventure (d)
« De quex gens est estrais et nés.
« Ma douce fille, or retenés
« L'enfant que je vos amain ci.
700 — Ce soit la vostre grant merci, »
Dist Meliors, « biau sire chiers;
« Je le retieng mult volentiers. »
Puis prent l'enfant et si l'enmaine
En la soie chambre demaine;
705 Uns dras li a fait aporter,
Sel fait vestir et conreer.

Quant des dras fu apareilliés
Et a sa guise fu chauciés,
Or fu si gens et si trés biax
710 Et si apers li damoisiax
C'on ne recovrast son pareil
Desos la clarté du soleil
De sa biauté, de sa samblance.
Et Meliors qui tant ert france
715 Li a fait par un sien sergant

693 haute

Aporter le mangier devant;
Et cil manga qui fain avoit.
Or revient auques a son droit :
Por çou se il est fix de roi,
720 N'est desonors, si com je croi,
S'il sert a cort d'empereor,
Et pucele de tel valor
Com Meliors estoit la bele.
Ensi remest o la pucele
725 Guillaumes, com poés oir.
Mult se paine de li servir
Et des autres tous ensement;   (f° 83)
Mult s'i acointe belement,
Si com li hom qui n'estoit mie
730 Norris en cort n'entre maisnie;
Mais auques se prueve nature,
Et il sor tote creature
S'entente et tot son cuer velt metre
A quanque se doit entremetre
735 Nus damoisiax de nul service
A cort si haute ne si rice.

Tant i a l'enfes son cuer mis
Et tant entendu et apris
Qu'ançois que fust passés li ans
740 Fu il si prex et si sachans
Qu'il n'est hon qui le puist reprendre,
Tant i sache garder n'entendre,
De riens nule que veoir sace,
Que riens mesprenge ne mesface.
745 Oi avés pieça retraire
Que li oisiax de gentil aire
S'afaite meisme a par lui
Tot sans chastiement d'autrui.
Comme vos ci oir poés,

731 le pr. — 736 riche

750 S'est si Guillaumes doctrinés.

  Ensi Guillaumes est a cort ;
 A tos desert que on l'ounort,
 Ne fait riens qui doie desplaire ;
 Mult par est frans et debounaire,
755 Serviçables, cortois et prous,
 Et mult se fait amer a tous,
 Et larges de quanqu'avoir puet ;
 Et sachiés bien, pas ne l'estuet   (b)
 A chastoier de ses paroles
760 Qu'eles soient laides ne foles,
 Mais asises et delitables.
 Si set plus d'eschès et de tables,
 D'oisiax, de bois, de chacerie
 Que nus qui soit en Lombardie ;
765 N'en toute la terre de Rome
 N'i a vallet, fil a haut home
 N'a riche prince natural,
 Quant Guillaumes siet a cheval,
 L'escu au col, el poing la lance,
770 Tant par soit de fiere samblance,
 Si gens ne si amanevis.
 Ne sai que plus vos en devis,
 Que tuit semblent a lui vilain
 Et li Lombart et li Romain ;
775 Bien samble a tos estre lor sire.
 En tot le regne n'en l'empire
 N'i a un seul, ne bas ne haut...
 A cui il soit, de ce me vant,
 Des biens de lui que la gens conte ;
780 Chascuns en fabloie et raconte
 Tous li pueples communement ;
 Et l'empereres ensement
 Li porte honor, aime et tient chier,

777 et 778 *lacune entre ces deux vers ?*

Comme le fil de sa moillier.
785 Et quant il va en esbanoi,
Toudis maine Guillaume o soi.
En grant afaire ou en besoing
Tos jors i va, soit près ou loing;
Et cil del regne d'environ,
790 Li grant signor et li baron,
Por l'amor a l'empereor
L'aiment et portent grant honor,
Et plus encor por sa franchise
Dont chascuns tant le loe et prise.
795 Et ke diroie des puchieles,
Des dames et des damoisieles?
Certes, et se Diex me doinst joie,
Ne cuit que nule qui le voie
Ne qui son los oie retraire,
800 Tant par i soit de haut afaire,
Bele, cortoise, ne prisie,
N'estraite de haute lignie,
Ne sage, orgeilleuse, ne cointe
Qui ne vausist estre s'acointe.
805 Mult a boin los par la contree;
Par tot en va sa renoumee.
Si fu a cort trois ans tos plains
Guillaumes entre les Romains,
Com vos dire m'avés oi.
810 Forment crut et bien embarni
Et devint gens li damoisiax,
Et fors et aformés et biax.
De la chambre est merveilles bien;
Les puceles sor tote rien,
815 Por sa franchise et sa valor
Li portent mult trés grant honor.

Quant Meliors la debonaire
Ot del vallet le los retraire
Et les grans biens qui en lui sont,

820 Et voit qu'il n'a si bel el mont (d)
Ne damoisel de sa valor,
Fil de roi ne d'empereor,
Ne de si boine renoumee,
Trestot son cuer et sa pensee
825 Tot maintenant vers lui atorne.
Or est si trés pensive et morne
Qu'ele n'entent a autre chose.
Son cuer reprent et blasme et chose
Et dist souvent : « Cuers, que as tu ?
830 « Qu'as tu esgardé ne veu ?
« Que t'ont mi oel monstré ne fait,
« Qui m'as embatue en cest plait,
« Que je ne sai que puisse avoir
« Ne quel error me fait doloir
835 « Ne plaindre plus que je ne suel ?
« Diex ! quex maus est dont tant me duel,
« Qui si me fait estendillier
« Et souspirer et baaillier
« Et refroidier et reschaufer,
840 « Muer color et tressuer
« Et trambler tot en itel guise,
« Comme se fievre m'estoit prise ?
« Bien sui tornee en autre point.
« Et quant cis maus plus me repoint,
845 « Ce est quant oi noumer celui
« Qui comparés n'est o nului.
« Voirement n'est de sa persoune,
« Tant com li siecles aviroune,
« Nus damoisiax, ce m'est avis.
850 « N'a si bel angle en paradis
« Comme il est au mien essient : (f° 84)
« Si me merveil de ce forment
« Qu'adès port sa samblance escrite
« Ens en mon cuer et si confite

854 est si

855 « Que tant ne sui poissans ne fors
« Que je le puisse esrachier fors;
« Enseurquetot je n'ai voloir,
« Ja soit ce que je n'ai pooir,
« Que fors l'en giete ne esrache,
860 « Que qu'il me griet ne mal me face,
« Ançois me plaist que ensi soie.
« Dont ai je tort qui en blasmoie
« Mon cuer de rien, ce m'est avis.
« Cui dont? mes iex, qui l'i ont mis
865 « En cele voie, et mené la,
« Dont cis plains me vient a moi ça
« Et ceste error que je demaing.
« Et s'ai je tort qui d'iaus me plaing.
« Por coi? por ce : coupes n'i ont.
870 « Qui dont? li cuers a cui il sont.
« Sont il a lui? oil, por voir,
« Et font du tot a son voloir :
« Si sergant sont et si message,
« Et de ce bien apris et sage
875 « Que ja riens nule ne feront,
« S'ançois li cuers ne les semont.
« Bien les doi dont laisser em pais,
« Et querre amende des meffais
« De mon cuer qui ensi me blece
880 « Par son orguel, par sa noblece,
« Et si encontre moi s'afiche.
« Diex! com je sui et fole et niche (b)
« Que nule amende querre en daing,
« Quant jou meisme ne l'empreing !
885 « N'ai je mon cuer en ma baillie?
« N'ai je sor lui la signorie?
« N'ai je si grant pooir sor lui
« Que s'il me fait mal ne anui
« Que j'en puisse prendre amendise?
890 « Naie. Por coi? Car trop sui mise
« En lui et trop abandonee.

« Ne sai por coi sui si menee
« Que ne li puis riens escondire.
« Or sui a lui, il est mesire,
895 « Si m'estuet faire son voloir,
« Et si sai bien de fi, por voir,
« Sel set la gent de la contree
« Que j'en serai trop fort blasmee.

« Bien sui destruite et abatue,
900 « Bien m'a fortune confondue,
« Bien m'a mise de haut en bas,
« Quant mon sergant et mon ampas
« Ai fait signor et moi ancele.
« Cheue sui en la roele
905 « Sans redrecier, si com je croi,
« Se cil nen a pitié de moi
« A cui tos li miens cuers se done. »
Ensi cele se despersone,
Et dist après : « Or ai grant tort
910 « Qui aventure blasme em port
« Ou je sui prise et enlacie,
« Et la roi ai sor moi sachie
« Que por autrui prendre getoie. (c)
« Or i sui prise, et prise i soie
915 « Et en mon lac soie cheue.
« Diex ! com sui foible et deceue,
« Quant de ce qui m'est bel me plaing
« Et de ma santé dolor maing
« Et de ma joie sui en ire!
920 « La ou mes cuers me trait et tire
« M'estuet traire sans lonc sejor :
« C'est au plus bel et au millor
« Qui oncques fust ne jamais soit;
« Dont a mes cuers raison et droit
925 « Qui envers lui s'acline et trait.

913 gaitoie

« Si l'en perdoins tot le mesfait
« Et le maugré et tot l'anui
« Dont je me plaignoie de lui.
« Tot son voloir die et commant,
930 « Car preste sui d'ore en avant
« Que trestot son plaisir li face.
« Mais je ne sai comment le sace
« Li damoisiax. Qui li dira ?
« Ja voir par moi ne le savra ;
935 « Et se ce set par aventure
« Que fuisse oie sans mesure,
« Et si outrageuse et si fole
« Que j'en meusse a lui parole :
« Si ne sai je que dire doie.
940 « Se je di que malade soie
« Et le mal qui tenir me seut
« Et comment me tient et me deut,
« A mal ira, si com je croi :
« Damoisele, ce poise moi ; (d)
945 « Que me responderoit il al ?
« Or va ma nés sans gouvernal,
« Si va par haute mer najant ;
« Sans mast, sans voile vait siglant.
« Diex le laist à bon port venir! »
950 Ensi com vos poés oir
Se va la bele dementant.
Ce c'or a dit reva noiant
Et dit c'onques ne l'ot en pens ;
Tant par est ses cuers en grant pens
955 Que ce que maintenant fait a
Dit ainc ne vit ne ravisa ;
Ce c'or li plaist, or le refuse
Et dont couvrir se veut s'acuse ;
Et de la riens que plus a chiere,
960 C'est ce que plus remest arriere,

935-38 *Ce passage est altéré* — 958 v. acuse

Dont plus se prent a chastoier
Et mult sovent a laidoier.
Ne set qui c'est qui le gerroie.
Ensi est cele en tante voie
965 Qu'ele ne set laquele tiengne.
Mais en la fin, que qu'il aviengne,
Dit que tenra celi, sans faille,
Ou li siens cuers tent et travaille,
Que ja n'en veut mais issir fors.
970 Issi se complaint Meliors.

Ensi lonc tans tel vie maine,
Ensi souffri ses cors grant paine;
Le boire pert et le mangier;
A jeuner et a veillier,
975 Est atornee la pucele. (f° 85)
La color pert de la maissele
Qu'ele avoit tant vermeille et gente.
En penser met tote s'entente :
Ice li plaist et le soole.
980 Soventes fois a li parole
Une pucele, sa cousine,
Qui avoit non Alixandrine,
Fille un conte de Lombardie.
Cele sovente fois li prie
985 Et dist : « Ma douce amie chiere,
« Si par vos voi de grant maniere
« Descoloree et pale et tainte.
« J'en ai grant maladie atainte
« Que tos li cuers me tranble et font.
990 « Bele, por Dieu le roi del mont,
« Qu'avés vos, ne ce que puet estre ?
« Ja cuidoie je bien cele estre
« Des puceles qui chaiens sont,
« Voire de quanqu'en a el mont,
995 « Qui le vostre afaire seust,

« Ne un besoig, s'il vos creust.
« Enseurquetout, » fait la mescine,
« Et si près sui vostre cousine,
« Vostre privee, vostre amie,
1000 « Et si vos ai tos jors norrie :
« Si m'esmerveil que m'avés tant
« Celé cest mal qu'avés si grant,
« Qui si vos met a nient del tout.
« Mais ja n'aiés de ce redout,
1005 « S'est chose qui a celer face, (b)
« Que ja nus hom par moi le sace.
« Si me dites que vos avés,
« Comme a celi que bien savés
« Qui par trestout porchaceroit
1010 « Vostre grant preu, s'ele pooit,
« Mult volentiers et vostre honor ;
« Si me doinst Diex la soie amor. »
Quant Meliors entent, la bele,
La parole de la pucele
1015 Qui si li promet et devise
Et poroffre le sien servise
De quanqu'ele porroit el mont,
Un lonc souspir de cuer parfont...
De mult bon cuer l'a regardee,
1020 Car forment li plaist et agree
La parole qu'ele a oie.
Si li respont : « Ma douce amie,
« Bele cousine, douce chiere,
« Voirement sui de grand maniere
1025 « Aigrie de tres grant malage.
« Mais tant estes et preus et sage
« Et france et vaillans et cortoise
« Et sai tant que forment vos poise
« De cest mal qui si fort m'acore,
1030 « Que tot mon cuer vos dirai ore.

1018 *Lacune* — 1025 de grant

« Mais je quit bien, quant le savrés,
« Ja por millor ne m'en tenrés;
« Si arés droit par aventure.
« Cis maus qui si me deffigure,
1035 « Qui si me vait anientant,
« N'en sai plus dire, fors que tant
« C'une pensee m'est venue (c)
« Qui si me destraint et argue
« Que tot me fait perdre et laissier
1040 « Et le dormir et le mangier,
« Qui si me taint et si m'enpire.
« Bele, trestot vos voudrai dire
« Ne ou me veut sachier ne traire :
« Au damoisel, au debonaire,
1045 « Qui tant par est prex et courtois
« Et frans et larges et adrois,
« Et cil cui tos pueples aoure.
« Certes et se Diex me secoure,
« Tos jors me samble que le voie.
1050 « Ne sai guenchir en cele voie,
« Ne eschiver je ne le puis,
« Qu'adès emmi mes iex le truis.
« Si est mes cors sor lui esmers
« Et li miens cuers au sien aers
1055 « Que nes puis en nule maniere
« Partir ne faire traire arriere;
« Si m'en sui mainte fois penee,
« Mais si m'ont au desos tornee,
« Que por moi rien ne daingnent faire.
1060 « Si sont a moi del tot contraire,
« Que tot ce qui me plaist refusent,
« Et ce que celer voel acusent :
« Ce vont disant que celer voel,
« La me blecent ou je me duel ;
1065 « Ce voellent qu'estre ne porroit

1048 secore — 1055 nen

« Et ce laissent qui estre doit ;
« Ce me porchacent qui me nuist.
« Vesci le mal qui me destruist,   (d)
« Qui ensi me destraint et maine
1070 « Et si me fait et pale et vaine.
« Si me merveil que ce puet estre.
« Bele, por Dieu, le roi celestre,
« Or sés mon cuer, or me conseille
« De ceste error, ceste merveille,
1075 « Si com tu sés que on doit faire
« Et com tu m'as oi retraire. »

Cele fu mult pensive et morne ;
Bien set et voit ou ce atorne
Que Meliors dit et despont.
1080 Un poi se teut et puis respont,
Comme feme bien apensee :
« Melior, dame, bele nee,
« Por Dieu et por la soie crois,
« Or ne soiés en tel effrois,
1085 « N'en tel paor n'en tel esmai.
« Une herbe connois que je ai :
« Se vos une seule foie
« L'aviés veue et essaie,
« De la dousor de la racine
1090 « Seriés tote garie et fine
« Quite de cest mal et delivre
« A tos les jors qu'avriés a vivre. »
Ne li veut pas dire autrement,
Car ne li ose son talent
1095 Mie blasmer ne son voloir ;
Ains voudra, s'ele puet, savoir
Au damoisel de son corage,
Comme cele qui moult fu sage

1066 laissier

Et preus et garnie de bien. (f° 86)
1100 Et Meliors sor toute rien
Li proie et dist qu'ele se hast,
Et de cele herbe li porchast
Qui tel mecine rent et porte
Ou autrement ert ele morte,
1105 Ce sace, bien prochainement.
Et cele mult tres bonement
L'en a del tot asseuree;
Atant ont lor raison finee.

N'ont or plus dit a cele fois.
1110 Mult par fu cele en grans effrois,
Qu'ele ne set qu'ele puist faire,
Ne comment puist a ce atraire
Le damoisel qu'il puist savoir
Le cuer, le penser, le voloir
1115 De la fille l'empereor
Qui por lui est en tel error;
Mais par tans le savra, je cuit.
Or oiés c'avint une nuit
Guillaume, la ou se gisoit
1120 Ens en son lit, et se dormoit
Li damoisiax sans compaignon :
Se li vint en avision
Que devant lui, en sa presance,
S'aparissoit une samblance;
1125 Mais ains ne vit nus hom mix faite,
Ne entaillie ne portraite,
Si coloree, ne si bele.
En forme estoit d'une pucele,
Mais c'un petit avoit ansdous
1130 Ses biax iex tristes et plorous, (b)
Et des larmes moillié son vis.
Se li disoit, ce li ert vis :

1110 grant — 1129 avoit au frons

                « Amis, amis, regarde moi.
                « Ci sui venue devant toi :
    1135   « Oevre tes bras, reçoif mon cors :
                « Je sui la bele Meliors
                « Qui merci te requiert et prie
                « Que tu de moi faces t'amie.
                « Tot t'abandon en ta francise
    1140   « Mon cors au tien et mon servise.
                « Reçoif m'amor sans contredit,
                « Car autrement sans lonc respit
                « Morrai, que vivre ne porroie,
                « Se n'ai t'amor et tu la moie. »
    1145   Puis li baisoit, ce li ert vis,
                Et bouche et nés et iex et vis;
                Et il li tot si faitement,
                Com sel tenist apertement
                Tot nu a nu entre sa brace,
    1150   Li rebaisoit la soie face,
                Son col le blanc et sa poitrine.
                Sauve l'onor a la meschine,
                Souvent embrace l'orillier,
                Quant Melior cuide baisier;
    1155   Sovent entre ses bras l'a pris,
                Sovent l'estraint contre son pis,
                Soventes fois l'acole et baise,
                Ne set en quel lieu mix li plaise;
                Mais tant se demaine et traveille,
    1160   Tressaut et demaine et teseille,   (c)
                Qu'esveilliés est et esperis.
                Grant piece après li est avis
                De l'oreillier qu'ensi demaine,
                Que ce soit la bele demaine.
    1165   Soventes fois l'a embracié,
                Estraint, acolé et baisié,
                Quarante fois, je cuit, et plus,
                Ains qu'il se soit aperceus.

1166 acolee

Quant il perçoit ce n'est el mie,
1170 Dont li est sa joie changie;
A contraire li est torné
De ce dont ot joie mené;
Or nen a fors ire et anui.
A tant retaste environ lui
1175 Au chevès, as piés et encoste
Que la bele n'i soit reposte
Por lui gaber, car pas ne croit
Qu'ele meisme encor n'i soit;
Et quant il voit qu'en vain travaille
1180 Et que ce est songes et faille,
Fantosmes, niens et vanités,
Sor son chevès s'est acoutés;
Si s'esmerveille que ce fu.
Une grant piece se tint mu
1185 Li damoisiax et puis si dist :
« Glorieus pere Jhesu Crist,
« De tot le mont et sire et mestre,
« Ou sui je, ne ce que puet estre?
« Qui fu ce qui parla a moi?
1190 « Donc ne fu ce la fille au roi
« Nathanael, l'empereor?
« Oil, si aie je honor,   (d)
« Ce fu ele certainement.
« Ne me dist ele voirement
1195 « Que jel receusse en ma brace?
« Oil, se Diex pardon me face,
« Et qu'ele devenroit m'amie
« Ou autrement ne garroit mie.
« Ce fu ele, n'est pas mençonge.
1200 « Non fu. Por coi ? Ja est ce songe,
« Et en dormant m'est avenu
« Ce que je cuit avoir veu.

1197 devenoit — 1199 mencoigne

« Songes fu, or le sai je bien;
« A moi ne venist el por rien.
1205 « Venist? non voir : ele por coi?
« Diex, comme a fole chose en moi!
« Com mes cuers est plains de grant rage
« Qui onques a si fait outrage
« Osa penser, n'a tele error,
1210 « N'a tel fille d'empereor
« Et ma damoisele demaine!
« Ce n'est pas garce ne vilaine,
« Mais la ou nus de cest empire
« Por chose que il peust dire,
1215 « Tant par i soit de grant pooir,
« Riches de terre ne d'avoir,
« N'en porroit ja a nul chief traire,
« Por nule riens qu'il peust faire,
« Tant ne s'en saroit entremetre;
1220 « Dont me doi bien de ce demetre
« Et ceste grant error laissier,
« Qui ains me puet nuire qu'aidier;
« Enseurquetout que tex hom sui ($f°\,87$)
« Que je ne sai cui fix je fui,
1225 « Ne de quel terre estrais et nés :
« Si me doi mix garder assés
« Que cil qui en lor terres sont
« Et qui lor bons amis i ont.
« Se de moi ert chose avenue
1230 « Que de ce fust novele issue
« Dont a la cort fuisse entrepris,
« Ne troveroie mes amis
« Ne mes parens qui por m'amor
« Parlaissent vers l'empereor
1235 « De riens qui li deust grever.
« Dont me doi mix assés garder,
« Mon cuer reprendre et chastoier
« Et destorner et desvoier,

1229 est

« Que je itel chose entrepreingne
1240 « Dont il me griet ne ne s'en plaingne. »

Ensi Guillaumes se chastoie,
Car bien cuide estre en autre voie,
Et son cuer guenchir d'autre part
Et estaindre le fu qui art.
1245 Mais por chose que il puist faire
Ne puet son cuer de la retraire
Ou il a sa voie acuellie,
Ou soit savoirs ou soit folie,
Soit maus, soit bien, que que l'en viengne,
1250 Qu'a cesti voie ne se tiengne
Que por autre ne veut guerpir,
Qui qu'en doie vivre ou morir,
Que que nus die ne que non ;
Ains fait de soi comparison   (b)
1255 Et dist : « Je semble le sengler :
« Quant voit l'espiel vers lui torner,
« Droit cele part aqeut sa voie ;
« Si se fiert dedens et embroie,
« Si comme cil qui mort ne doute,
1260 « Que l'entraille li perce toute
« Et le cuer del ventre li part,
« Que mors trebuche d'autre part.
« Tot autresi est il de moi :
« En l'espiel sui et el embroi ;
1265 « Si m'oci tot a essient.
« Mais de ce m'est trop malement
« Que nel savra, si j'ere mors,
« Cele qui mis le m'a el cors.
« Hé ! Diex, comment le saveroit,
1270 « Ne qui dire li oseroit ? »

1239 entrepreigne — 1249 viegne

Ensi com vos oir poés
S'est li damoisiax dementés;
Ne ne set que faire a nul fuer,
Car ne li puet issir del cuer
1275 La bele qui a le cors gent.
Del lit se lieve isnelement,
Si est et chauchiés et vestus.
Fors de la sale en est issus.
Son chief cuevre de son mantel;
1280 En un vergier merveilles bel,
Desous la chambre a la meschine,
S'en est entrés, la teste encline.
Desous un pumier est assis;
Vers la chambre torne son vis,
1285 Si que ceus puet de plain veoir   (c)
Qui as fenestres vont seoir,
Ne jamais cil ne le verront,
Ja tant garde ne s'en prendront.
Son chief adrece cele part :
1290 La met ses iex et son esgart,
Et puis recorde de rechief
Et s'aventure et son meschief,
Et fait ses clains et ses respeus,
Et puis ses jugemens tos seus.
1295 Ne set que faire ne que dire :
Sovent pleure, sovent souspire,
Sovent tramble, sovent tressue,
Sovent change color et mue;
Mult a ses cors travail et paine.
1300 Ensi cel jor tel vie maine
C'onques ne but ne ne manga.
La nuit a un ostel s'en va
Près du palais l'empereor,
Chiés une dame sans signor;

1275 Et cele

1305 Preude feme ert mult et loiaus.
La est venus li damoisiaus,
Car acointes ert de l'ostel,
Et dit que durement a mel.
Ens en un lit se fist couchier,
1310 Mais ains tant ne li sot proiier
La boine dame qu'il vousist
Mangier ne boire, ainçois li dist :
« Dame, por Dieu, laissiés m'en pais.
« Ne porroie mangier huimais
1315 « Por nule rien, vostre merci. »
Et cele l'a laissié ensi   (d)
Jusc'au demain qu'il ajorna;
Et cil se lieve et atorna,
Com cil qui veut tenir sa voie.
1320 Mais tant sa boine oste li proie,
Cui mult pesoit de son anui,
C'un petitet et maugré lui
Mangier et boire o li l'estut.
Et quant d'iluec partir se dut,
1325 Et de la gent fu esconsés,
Ens el vergier s'en rest entrés
Et desous le pumier assis.
Vers la chambre torne son vis,
Son cuer et sa pensee toute,
1330 Jusqu'à la nuit c'on ne vit goute,
Et l'endemain en tel maniere
Et tote la semaine entiere.
La nuit a son ostel repaire :
Mangier et boire li fait faire
1335 La france dame a son pooir,
Ou soit au main ou soit au soir.

      Forment empire et afebloie.
      La color a palie et bloie

1312 ains li

Qu'avoit tant bele et tant vermeille.
1340 Meliors mult s'en esmerveille
De ce que tel pieça nel vit.
Si l'a Alixandrine dit,
Qui tot son couvine savoit :
« Bele », fait ele, « ce que doit
1345 « Que mais Guillaume ne veons?
« Si me samble li termes lons
« Que je nel vi venir ça sus   (f° 88)
« Qu'il ait passé un an et plus,
« Ne qu'il a nos ne fu chaiens.
1350 « Lasse, com sui fors de mon sens,
« Qui en si faite error sui mise!
« Bele, as me tu l'erbe porquise
« Que tu me deis l'autre jor?
— Bele, ne soiés en error. »
1355 Alixandrine li respont,
« Que par celui qui fist le mont,
« Mult m'en sui maintes fois penee.
« Si ne l'ai pas encor trouvee,
« Mais par tans l'averons, je croi.
1360 « De ce dont or parliés a moi,
« Voirement a huit jors et plus
« Que il ne fu a nos ça sus,
« Si m'esmerveil mult durement :
« Bele, por vostre haitement
1365 « Que Diex par tans le vos envoit!
« Car alissons, s'il vos plaisoit,
« En cel vergier por vos deduire.
« Aidier vos puet et noient nuire,
« Car mult par est plaisans et biax.
1370 « S'orrés les chans de ces oisiax,
« Verrés ces herbes et ces flors
« Qui tant ont fresces les colors. »
Et Meliors ensi l'otroie.

1359 par *manque*, tant

Levees sont, tienent lor voie,
1375 Par un degré sont avalees.
Ens el vergier s'en sont entrees
Par l'uis de la chambre desous ; (b)
N'ont compaignie qu'eles dous.
Ens el vergier vont ombroiant,
1380 Les flors, les herbes regardant ;
Del rousignol oent les cris,
De la tortrele et del mauvis ;
Forment li plaist et atalente.
Assises sont desous une ente
1385 Qui mult estoit bele et ramue,
Et desous l'erbe vers et drue.
La ont lor reposee faite ;
Mainte parole i ont retraite,
L'une de joie et l'autre d'ire.
1390 Mais ne vos puis trestot redire ;
De ce parolent dont lor tint,
Tant que par aventure avint
Qu'Alixandrine la Lombarde
Tot contreval le vergier garde :
1395 Le damoisel i a choisi
Desos le vert pumier flori
Qui mult estoit biax et ramus.
As dras que il avoit vestus,
A ses chevex luisans et sors
1400 Et a la forme de son cors
Que tant a bien fait et gentil,
A reconnut que c'estoit il.
Iluec ert endormis tos seus.
Mult fu la bele et sage et preus ;
1405 Melior l'a moustré au doi.
« Dame », fait ele, « entent a moi.
« La voi jesir sous un pumier
« Ne sai vallet ou chevalier,

1382 torterele. — 1401 faite

« Mais il se dort, si com moi samble. » (c)
1410 Cele le voit, de paor tramble,
Car le vallet bien reconnut.
N'a sor li membre ne tressut;
Sa colors mue en mainte guise.
Cele le voit prise et esprise,
1415 Prise de ce que ne savoit
En quel guise se contenroit,
Et esprise de son voloir
Qu'ele ne cuide ja avoir.

Alixandrine fu mult sage,
1420 Qui bien connut tot son corage
A la color que li vit taindre.
Ne li veut mais celer ne faindre,
Mais tot apertement li dist
Que c'est Guillaumes qui la gist,
1425 Li siens vallès qui si est frans
Et preus et sages et vaillans.
« N'est pas haitiés, si com je croi.
« Ci est venus en esbanoi;
« Tost s'est endormis par anui.
1430 « Dame, car alissons a lui,
« Par vo merci, savoir qu'il fait,
« S'il a pesance ne dehait. »
Et Meliors mult bonement
Li dist que face son talent.
1435 A tant s'en sont d'iluec meues;
Au damoisel en sont venues.

Devant lui sont assises lors;
Et quant la bele Meliors
Voit le vallet et sa façon,
1440 Son nés, sa bouche et son menton, (d)
Le cors qu'ot alignié et gent
Et tos les membres ensement,

Si comme il fu fais par devise,
Si fu del damoisel esprise
1445 La damoisele et embrasee.
Se n'en cuidast estre blasmee,
Mien essient, baisié l'eust
Plus de cent fois, se li leust;
Por ce l'a en souffrance mis.
1450 Cil se dormoit : si li ert vis
Que de la chambre issoient fors
Alixandrine et Meliors.
Dessi en droit a lui venoient,
Une rose li aportoient :
1455 Tantost com recevoit la flor,
Ne sentoit paine ne dolor,
Travail, grevance ne dehait.
En son dormant tel joie fait
Li damoisiax que il s'esveille :
1460 Mult par li vient a grant merveille,
Quant les puceles a veues.
« Bien soiés vos, » fait il, « venues,
« Mes damoiseles ambes dous.
— Diex vos beneie, amis dous »,
1465 Meliors li a respondu.
Bien a Guillaumes entendu
Que Meliors l'apele ami :
Une grant piece fu ensi
Comme li hom cui tex maus prent
1470 Qu'il ne parole ne entent;
Longement fu en si fait point : (f° 89)
Li mos d'ami au cuer li point,
Que la pucele ot oi dire.
Sovent fremist, sovent souspire,
1475 Si rougist sovent et tressue,
Sovent change color et mue,
Ne parole, nul mot ne soune.
Alixandrine l'arraisoune,
Qui près de lui s'estoit asise.

1480 A son samblant s'est garde prise
Que mult estoit mal au vallet.
Ele li dist tot souavet :
« Por Dieu, sire, que faites vous?
— Bele, je muir tot a estrous.
1485 — Morés? — Voire, je muir enfin.
« Se Diex me prenge a boine fin,
« Bele, ne quit que voie un mois.
— Estes vos dont si trés destrois,
« Biax chiers amis? » fait la pucele.
1490 — Certes, ma douce damoisele,
« Oil, assés plus que ne di.
— Comment », fait ele, « est il ensi?
— Oil. — Comment vos prist il donques?
— Par une nuit que mar vi onques
1495 « Qu'ele avint a mon essiant.
— Comment vos prist?—Bele, en dormant.
— Et ou vos tient? — Foi que vos doi,
« Bele, par tout le cors de moi.
— Par tot le cors? — Voire. — Comment?
1500 — Une merveille grans me prent
« Qui mult me tient en grant destroit : (b)
« Une eure ai chaut, autre heure ait froit;
« Une eure su, et autre tramble ;
« Li cuers de moi se part et emble :
1505 « Ne sai ou va, ne sai ou vient,
« Ne sai qui est qui le retient.
« Sovent me bat, sovent me lance,
« Sovent me fait au cuer pesance,
« Sovent baail et estendeil,
1510 « Et petit dorm et sovent veil.
« Pensers m'ocit tot et enivre.
« Pensers? Non fait, ains me fait vivre.
« Se de penser ne me peusse,
« Pieça que mors et finés fusse,

1484 a *manque,* estros — 1491 Oie... que je ne

1515 « Car ne puis boire ne mangier.
   « Bele, por moi esbanoier
   « Sui ore ci illuec venus.
   « Quinze jors a passés et plus
   « Ne dormi tant comme or dormoie.
1520 — Certes, mult volentiers savroie »,
   Dist la pucele, « l'ochoison
   « Comment vos prist et comment non
   « Cis maus qui si vos a destruit.
   — Bele », fait il, « ne vos anuit,
1525 « Que tant que l'ame el cors avrai
   « Home ne feme nel dirai. »

   Cele entent que vers li se cuevre;
   Ne li veut pas decovrir l'uevre,
   Ains li a dit par couverture :
1530 « Guillaumes, c'est maus d'aventure.
   — D'aventure? bele, c'est mon. (c)
   « Par aventure vit li hom;
   « Par aventure a sa destine,
   « Par aventure muert et fine.
1535 « Par aventure uns hom estort
   « De la ou mil reçoivent mort;
   « Aventure refait perir
   « Un home ou mil en fait garir.
   « Bele, or oiés : par aventure
1540 « Vient une nés grant aleure
   « Parmi la mer, que tormens chace,
   « Tant que par aventure escache;
   « Et cil dedens trestuit s'en issent
   « Fors dui ou troi qui i perissent,
1545 « Que mer sorbist tost et englout;
   « Et cil qui la sont gari tout
   « Nes a garis lor hardemens,
   « Ne lor proece ne lor sens,

1538 en *manque* — 1545 Qui

	« Ne ceus ne ra lor mauvaistiés
1550	« Ne lor corages perilliés;

       « Ne sont peri par lor perece,
       « Ne cil gari par lor prouece;
       « Mais aventure avient ensi.
       « Bele, des trois qui sont peri
1555 « Sui je li uns, bien le sachiés.
       « Je sui en mer et perilliés;
       « Desor les ondes vois flotant;
       « De ma vie ne sai garant.
       « Trop sui en mer et lonc de port;
1560 « De ma vie ne sai confort;
       « Mais aventure ensi le veut,   (d)
       « Dont mains preudon se plaint et deut. »

       Meliors a mult bien oi
       Quan que Guillaumes dist celi;
1565 Sovent a dit entre ses dens :
       « Dix », dist el, « pere omnipotens,
       « Autex est cis maus qui me tient;
       « Et ensi cascun jor me vient
       « Et empirié le voi forment.
1570 « Mais, lasse, garde ne s'en prent
       « De mal que je traie por lui,
       « Travail ne paine ne anui,
       « Ne que por lui face tel fin.
       « Ainc mais pucele de mon lin,
1575 « De mon valoir ne de mon fuer
       « Ne mist en si fait lieu son cuer
       « Comme j'ai fait, bien le puis dire
       « Bien me devroit li mons despire,
       « Quant j'ai laissié dus et contors
1580 « Et rois et fix d'empereors
       « Et ceus dont je fuisse honeree
       « Por un vallet d'autre contree,

1562 delt

« Que nus ne set, n'il ensement,
« De quel terre est ne de quel gent;
1585 « Ainc ne connut qui le porta,
« N'onques ne vit qui l'engendra. »

Amors reprent sa conscience ;
Contre son dit estrive et tence
Et dit amors : « Tex ne sui mie.
1590 « Je ne vois pas par signorie,
« Par parage ne par hautece,   (f° 90)
« Mais la ou mes voloirs s'adrece ;
« Car desor tous ai le pooir :
« Si preng a chois a mon voloir ;
1595 « S'aim mix les larges et les frans,
« Les prex, les sages, les vaillans,
« Les bien apris et les cortois
« Que tos ces princes et ces rois
« Ne ces contes avers mauvais ;
1600 « Et ne por quant est ce meffais
« Si je t'ai fait prendre a cestui ?
« A il el mont plus bel de lui,
« Mix entechié en tos endrois,
« Ne plus vaillant ne plus cortois ?
1605 « Qu'est que defaut qu'il doie avoir,
« Biauté, proece ne savoir ?
« Por ce se ne sés dont il fu,
« Ne com de lui est avenu,
« Bien pues veoir a sa samblance,
1610 « Si com de lui fait demoustrance
« Par ses oeuvres et par ses fais,
« Qu'il est de haute gent estrais.
« Or me di a ton escient
« Et si me fai droit jugement :
1615 « Se tu avoies or trouvé
« Un marc de fin or esmeré,

1590 voi

« Et ne seusses cui il fu,
« Ne qui le marc eust perdu,
« Vaurroit en por ce mains li ors,
1620 « Ne qu'il fust pris en tes tresors?
« Ja n'en perdroit li ors son pris,
« Ne qu'el tresor le roi fust pris.
« Ne por quant tuit somes d'un pere;
« Tos nos cria uns seus criere;
1625 « Tuit somes d'une matere fait
« Et tuit d'une lignie estrait. »

Ensi pensoit la damoisele.
Alixandrine ot, la pucele,
Que li damoisiax li despont.
1630 Mult bien entent et si respont
Comme cele qui mult ert sage :
« Sire, bien sai vostre corage;
« Pieça vos tient et trop vos dure.
« N'i a mais mestier coverture.
1635 « A deus rives alés noant,
« Trés bien vos voi apercevant;
« Que vaut covrirs et acusance?
« Bien voi quel part pent la balance;
« Mais d'autre part je quit tant faire
1640 « C'onniement le ferai traire. »
Guillaumes ot que la meschine
Set et conoist tot son covine.
N'i a mestier vers lui couverte,
Car la reposte voit aperte;
1645 Ce a trové qu'avoit perdu,
Et que tant a soufflé le fu
Que la flambe en est fors saillie.
Mult docement merci li prie.
« Bele », fait il, « merci vos proi.
1650 — Merci, Guillaume? et vos de coi?

1625 Dui — 1639 le quit

— De mon cors, bele, et de ma vie (c)
« Que tot avés en vo baillie,
« En vo baillie voire, et si,
« Par le signor qui ne menti,
1655 « Se par tans ne me secorés
« A cele dont vos dit m'avés
« Qui la balance en sa main tient ;
« Se devers moi li fais ne vient
« Que ma partie l'autre en traie,
1660 « N'a mestier mire a ceste plaie.
« Mais tant ai grant fiance en vous,
« Et tant est vos cuers frans et dous,
« C'onniement le ferés tendre,
« Si com vos m'avés fait entendre. »

1665   Or ot cele qui mult li siet
Et dit : « Amis, or ne vos griet.
« En moi poés fiance avoir,
« C'aidiés serés à mon pooir. »
Cil l'en a parfont enclinee.
1670 Sa damoisele a apelee
Alixandrine et si li dist :
« Damoisele, por Jhesu Crist,
« Et por pitié et por amor,
« Aies pieté de la dolor
1675 « Que cis vallès sueffre por toi. »
Meliors dist : « Bele, de coi?
— Dame, por toi languist enfin.
« Por toi se muert et fait tel fin.
— En quel maniere, bele suer ?
1680 — Si a a toi, dame, son cuer,
« Si est entrés, si l'i a mis ; (d)
« S'il ne devient li vos amis,
« Par le signor qui me fist nestre,

1656 cel — 1660 mestier riens — 1661 vos — 1682 ne *manque*

« Ne quit que voie demain vespre.
1685 « Secorés, bele, vostre amant. »
Mais ja ne cuide veoir tant
Cele, se lués ne li otrie
Que ja de lui face s'amie.

Cele li fait un douc regart
1690 Et dist : « Bele, se Diex me gart,
« Je ne voudroie pas de lui
« Estre homecide ne d'autrui,
« Ne pecheresse en tel maniere ;
« Por vos et por vostre proiere
1695 « Et por lui qu'en tel peril voi,
« N'ains qu'il ensi muire por moi,
« Moi et m'amor li otroi toute ;
« Ja mar en sera mais en doute. »
Et dist : « Amis, venés avant,
1700 « Car vostre sui d'ore en avant ;
« Vostre sui toute et estre vuel,
« Sans signorie et sans orguel. »

Quant ce ot dit la damoisele,
Li cuers de joie li sautele.
1705 « Dix, » dist il, « pere de lassus,
« Ce sont miracles et vertus
« Que por moi faites voirement. »
Jointes ses mains a li se rent ;
A li se rent, a li se doune ;
1710 Et cele a lui se rabandoune
Que de lui tot son plaisir face. (f° 91)
Dont se reprendent brace a brace,
Comme cil qui s'entrament tant.
L'amors qu'il ont entr'eus si grant
1715 Les asseure et fait hardis,

1691 vaudre — 1712 brache

         Et iex et nés et bouche et vis
         S'entrebaisierent cil et cele.
         Alixandrine la pucele
         Voit c'or feront mais bien sans li;
1720   Iluec les laist, si s'en parti,
         Par le vergier vait cuellant flors;
         Et il recordent lor amors
         Comme ont esté par maintes fois
         Li uns por l'autre si destrois.
1725   De ce se merveillent andui :
         Chascuns cuidoit avoir par lui
         Le mal, la paine qu'il souffroit,
         Et l'autres dist plus en avoit.
         Cil dist : « A poi que ne sui mors.
1730   — Mais jou, amis, » dist Meliors,
         « Se ceste oevre ne fust si prise,
         « Par tans fuisse a la mort mise. »

         Ensi li dui amant parolent;
         Tant s'entrebaisent et acolent
1735   Et font ensamble lor deduis,
         Ne sorent mot, si vint la nuis.
         Alixandrine voit le vespre,
         Bien voit que trop i pueent estre;
         S'en a Melior apelee :
1740   « Damoisele, ceste jornee
         « Ne vos anoie pas, je cuit.   (b)
         « Alonmes ent, vesci la nuit :
         « Mult criem que trop ne soions ci,
         « Que males gens ne viengnent ci.
1745   — Alixandrine, que dis tu?
         « Est ce dont a l'aler venu?
         — Oïl, pieça qu'il en est tans. »
         Drecié se sont en lor estans.
         Voient le jor a sa fin traire :

1723 est — 1742 Alonsmes — 1745 Alixandre

1750 Determiné ont lor afaire
Comment desoremais feront.
Lors s'entrebaisent, si s'en vont.
Guillaumes pas ne s'entroublie;
Alixandrine mult mercie
1755 Et dist : « Bele trés douce suer,
« Del tot m'avés rendu mon cuer :
« Mon sens et ma vie et ma joie
« Et tot enfin perdu avoie,
« Si m'en avés del tot conquis. »
1760 A tant es les vos departis.

En lor chambres sont repairies
Les puceles joians et lies.
En son ostel retint sa voie
Li damoisiax a mult grant joie.
1765 Sa boine hostesse li demande
Comment le fait, ne s'il amende.
Cil dist : « Tos sui garis et sains. »
Et ele en tent vers Dieu ses mains;
Mult l'en vent grasses et mercis.
1770 Cele nuit fu mult bien servis
Li damoisiax et aaisiés.   (c)
Ses lis li fu apereilliés;
Ens se coucha et endormi.
Ainc cele nuit ne s'esperi,
1775 Et quant fu jors, si se leva,
Bel se vesti et atorna,
A la cort va, si comme il seut.
Tot si comme il li plaist et veut
A tot ses voloirs de s'amie,
1780 Sans reproche et sans vilonie,
Car por riens nule ne fesist
Chose dont on le represist.

1778 velt — 1779 volois — 1781 feist

        Mult par s'entraiment loiaument.
        Tant furent ensi longement
1785 Qu'a la cort sorst une besoingne,
        Que li riches dus de Saissoingne
        Par son orguel, par son desroi
        Ert revelés contre le roi
        Et par force en sa terre entrés;
1790 Chastiax et viles et cités
        A ja mult prises et gastees
        Et les povres gens desertees.
        Quant l'emperere ot la novele,
        Poés savoir ne li fu bele.
1795 Partot a tramis ses messages
        Que viegne a lui tos ses barnages.
        A l'ains qu'il puet et au plus tost
        A il assanllé tote s'ost.
        Quant Guillaumes voit et entent
1800 L'emperere a mestier de gent,
        Devant lui s'est agenoilliés;   (d)
        Mult par s'i est humeliés :
        Se li proie que se lui place
        Que novel chevalier le face.
1805 Forment plot à l'empereor :
        Novel armé le fait le jor
        Et quatre vins fix a princiers
        Que por s'amors fist chevaliers,
        Cui tos done armes et chevax :
1810 Signor et prince le fait d'ax.

        A tant furent les os jostees.
        N'i font plus longes demorees,
        Mais au chemin se metent tuit.
        Bien sont por ostoier estruit;
1815 Bien ont quan que lor est mestiers,

1786 saigsoune — 1798 il *manque* — 1810 aus

Viandes, armes et destriers.
Ainc n'i parlerent de repos;
Si viendrent as markes les os.
Quant as markes est l'ost venue,
1820 L'empereres a entendue
Le clamor de la gent deserte,
Le wast, le damage, la perte
Que li dus faite li avoit;
Mult fu dolans et si ot droit.
1825 Maintenant a son conseil pris
A ses barons, a ses marchis,
Comment porra vengier sa honte.
Ce li loent et duc et conte
Et l'autre gent communement
1830 Que tant chevaust il et sa gent
Que le duc aient enserré   (f° 92)
En borc, en vile ou en cité,
Et ne s'en tort si l'ait assis
Et l'ait par vive force pris.
1835 Icest conseil chascuns otroie.
Au matinet l'os se conroie,
Si se metent en lor chemin.
La oissiés maint cor de pin,
Tabors et timbres et buisines,
1840 Frestiax, araines et troines.
Grant noise font, quant il s'esmuevent,
Le duc menacent, s'il le truevent,
Comprer li feront son orguel.
Mult par avoit li dux grant bruel
1845 De boine gent, fiere et hardie,
Et tex vassax en sa baillie
Qui mult poi prisent Alemans
Et les Lombars et les Toscans,
Ne toute l'ost l'empereor.
1850 Par son orguel, par sa folor

1836 lor — 1837 Se se

Mande l'empereor li dus,
Que sor lui mar vendra il plus,
Mais a un jor nomé l'atende,
Si soit garnis, qu'il se desfende,
1855 S'encontre lui combatre s'ose.
Et li messages ne repose
Dusques l'empereor l'ot dit.
L'empereres sans contredit
Le jor de la bataille otroie,
1860 Et mult en fait as siens grant joie.
Monsigneur Guillaume en apele. (*b*)
« Oiés, amis, ceste novele :
« Li dus nos mande par dela
« Que il a nos se combatra.
1865 — Sire, » Guillaumes li respont,
« Cil dame Dix qui fist le mont
« Si nos doinst a honor deduire
« Que lor orguel puissons destruire
« Et sa fierté qui si est grant. »
1870 Dont laissent ester a itant
Desi au jor de la bataille.
Mult se sont bien porquis sans faille
De tot quan que mestier lor fu.
Au jor noumé sont tuit venu :
1875 Lor eschieles ont ordenees,
Lor gens parties et sevrees.

La peussiés veoir le jor
Tant duc, tant prince, tant contor,
Tant vavassor de grant tenue ;
1880 Ainc si grans gens ne fu veue.
Et veissies par la champaigne
Tante baniere, tant ensaigne,
Et tante lance et tant penon,
Tant brant d'acier trenchant et bon,

1848 jor *manque* — 1857 lempereres — 1867 Le nos — 1883 Et *manque*

1885 Tant elme a or et tant escu
Et tant hauberc maillié menu,
Tant garnement et tant cheval
Et tant hardi cors de vassal.

Li dus fu mult fiers et gaignars ;
1890 Les siens semont de totes pars :
« Or du bien faire, mi baron. » (c)
A tant brochent a esperon
Et vont Lombars si fort requerre
Que desous eus fremist la terre.
1895 Et Lombart bien les recuellirent
A l'assambler les referirent,
Et durement fut grans li cris,
Et des lances li froisseis,
Et la perte des vassaus grans
1900 Qui sont cheu des auferrans
Mort et navré, froit et sanglent.
Ne s'entrespergnierent noient ;
Quant les lances orent perdues,
Si traient les espees nues ;
1905 Lors s'entrefierent a main tas,
Trenchent lor piés et puis lor bras,
Fendent lor vis jusqu'es cerveles ;
Cerviax, entrailles et boieles
Espandent par la praerie.
1910 Diex ! tex frans hom i pert la vie,
Dont grans deus fu et grans dolors
A lor amis et a pluisors.

Mult par est la bataille fiere
Et pesme et fors de grant maniere.
1915 Li abatu forment se plaignent
Et en la presse a duel estaignent,
Dont li destrier marchent les cors.
Tant par est la bataille fors,
Qui iluec chiet n'en puet lever.

1920 Lombart commencent a branller,
Car il ne porent mais souffrir. (d)
Ja covenist le champ guerpir,
Quant li Toscan poignant i vienent
Qui les espees es mains tienent,
1925 Si se fierent en la bataille.
N'i a hauberc de si fort maille,
Tant fort hiaume, tant fort escu
Qui ait duree ne vertu
Contre les cox des brans forbis.
1930 Tant i est grans li fereis
Qu'a cens et a milliers s'ocient.
Les gens le duc fort s'i aient,
Qui mult sont bon vassal et fier.
La veissiés maint boin destrier
1935 De Lombardie et d'Alemaigne
Tot estraier par la champaigne,
Entre lor piés lor resnes rous,
Lor seles tornees desous,
Dont li signor sont mort le jor
1940 En la bataille, a grant dolor.

Li dus avoec la soie gent
Maintient le caple durement
A l'espee que nue a traite;
Environ lui les siens rehaite,
1945 D'emperiax fait tel essart.
Li mains vaillant, li plus coart
De sa maisnie i sont hardi.
Emperiax demainent si
Qu'il ne sevent que puissent faire
1950 Ne ou puissent a garant traire.

Quant l'emperere voit laidir (f° 93)
Sa gent et ses homes morir,

1923 Car li

Or a tel duel, ne set que dire.
« Diex ! » dist il, « pere, souvrains sire,
1955 « Qui de la virge eus naissance,
« Sire, par ta digne poissance
« Ne souffrir ja le tort ramper
« Contre le droit ne sormonter.
« Li dus estoit mes liges hom,
1960 « Ne tenoit riens se de moi non,
« Ne de riens ne m'avoit requis
« Ne par ses pers a raison mis
« De riens que li eusse fait;
« Et sor ce a vers moi meffait,
1965 « Mon pais ars et essillié.
« Sire, par ta sainte pitié,
« Au desloial ne consentir
« Moi ne mes homes a laidir. »

Guillaumes ot l'empereor
1970 Qui Dieu reclaime et a paor;
Sa gent apele environ soi :
« Baron, » fait il, « entendés moi.
« Nos somes tuit armé novel
« Et baceler et jovencel ;
1975 « L'emperere, nostre avoués,
« Nos a por son besoing armés :
« Or somes au besoing venu ;
« Si ne soiomes pas tenu
« En l'estor ne en la bataille
1980 « Ne por garçon ne por frapaille,
« Mais comme bon vassal et fier   (b)
« Et gens bien duite du mestier :
« La mort aions tote oubliee,
« Proece soit nostre pensee.
1985 « Li dús par est mult orgeillous
« Et Saisne fier et coragous.
« Tant ont feru en la mellee,
« Petit prisent nostre posnee.

           « Nostre gent voi guerpir la place :
1990   « Voiés sor eus toute la chace;
           « Desconfit sont, s'or n'ont aie.
           « Signor baron, ne tardons mie. »

           A tant s'eslaissent tot ensamble.
           Sos eus la terre crolle et tramble.
1995   Les escus joins devant lor pis,
           Vont requerre lor anemis.
           En l'envair si les ataignent
           Que les escus croissent et fraignent,
           Et li hauberc fort et doublier
2000   N'ont garison contre l'acier,
           Car les lances roides et fors
           Lor metent trés parmi le cors,
           Si qu'es arçons devant les seles
           Lor font espandre les boieles.
2005   A cel poindre tant en abatent,
           Dont les ames des cors departent,
           Que je n'en sai le conte fere.
           Tot environ kuevre la terre
           Des abatus et des ocis.
2010   Lors sachent les boins brans forbis,
           Si ont le caple commencié.   (c)
           Li desconfit, li enchaucié
           Oiient les cris, voient les lor
           Qui recovré sont en l'estor.
2015   « Del grant estor sueffrent le fais,
           « Et nos fuions comme mauvais.
           « Tornons arriere, honi somes.
           « Desor aus tos mix i feromes.
           « S'avons eu honte au fuir,
2020   « Or lor moustrons au bien ferir.
           « Tex honte doit nos mautalens
           « Croistre, et doubler nos hardemens.

2014 *Lacune après ce vers ?* — 2019 fur

« N'avons mestier de plus lonc conte,
« Mais de vengier chascuns sa honte. »
2025 A tant guenchissent a eslais
Et ont sachiés les brans nus trais,
Si se fierent en la mellee ;
La veissiés tante colee
Doner sor elme et sor escu,
2030 Tante teste sevrer de bu
Et la terre de sanc couvrir,
Et tant vassal adens gesir,
Les iex torblés, la car noircie,
Dont l'ame estoit du cors partie.
2035 Guillaumes est en la mellee,
En son poing tient nue s'espee ;
Les iex vermax comme dragons,
Le vis a fier comme lions
D'ire et de maltalent espris.
2040 Tos s'est en autre color mis
Que ne soloit estre devant ; (d)
Tot a changié son douc samblant.
Bien li apert en son visage
La grans fiertés de son corage ;
2045 De hardement a le cuer plain.
Au bon destrier lasche le frain,
Des esperons le coite et broche :
Plus que quarriax des siens descoche.
Ou qu'il voit le besoing grignor
2050 Et la plus grant force des lor
Et ou plus est graindres li fais
Se va ferir tot a eslais,
Le branc tot nu en la main destre.
Ja troveront Saisne lor mestre.
2055 Si fiert Terri sor l'elme agu
Que tot li a frait et fendu :
Par tel vertu li cox descent

2033 torbler

Tot le visage li porfent
Que oncques d'armes n'ot garant;
2060 Desci el pis li met le brant,
Le bu trebuche et la poitrine;
Tot contreval li fent l'eschine.
Puis hurte avant el dur estor
En la grignor presse des lor;
2065 Si vait ferir Tosson du Pré :
Du brant li a le cors sevré
Que tot le foie et le poumon
Li fait espandre sor l'arçon.
Outre s'en passe, cil chiet mors;
2070 Puis fiert un tierc par tel effors
Que l'ame plus en lui n'arreste;   (f° 94)
Et au quart fait voler la teste,
Et le quint a feru du brant;
Orffene en devinrent si enfant.
2075 Puis hurte avant el dur estor
En la plus grant presse des lor.
Lors veissiés departir cox,
Trenchier et hasteriax et cox,
Pis et forceles et poitrines,
2080 Costes, entrailles et eschines,
Et boieles de cors chair,
Testes voler et gens morir
Et sanc vermeil par chans espandre.
Ainc puis le tans roi Alixandre
2085 Qui tant ot sens et poesté,
Ne fu vassax de sa bonté.
Contre ses cox n'a nus garant;
Ausi le vont Saisne fuiant
Com l'aloe fait l'esprevier :
2090 Plus le redoutent qu'averssier.
Bien i fierent li jovencel :
A lor espees font maisel;

2070 turc — 2074 Offene

Et Saisne sont et fort et fier
Qui lor refont les cors saignier.
2095 D'ambes deus pars bien se contendent;
Dusques es poitrines se fendent.

Uns niés le duc, fix sa seror,
Uns jovenciax de grant valor,
Terris ot non, mult ot grant ire :
2100 Quant voit sa gent si desconfire
Et si mater et si confondre, (*b*)
De duel cuide esrager et fondre.
Bien fu armés en l'auferrant,
Espiel ot bon, fort et trenchant;
2105 Et voit Guillaume en la grand presse,
Ou il ne fine ne ne cesse,
Qui de sa gent vuide la place.
N'i a Saisne, si fier se face,
Si prox, si cointe ne si os,
2110 Qui ne li ait torné le dos,
Tant redoutent son brant d'acier;
N'osent mais vers lui repairier.
Terris le voit, vers lui s'esmuet;
Ja li fera comprer, s'il puet.
2115 Cele part maintenant s'adrece;
Mar vit l'enfes sa grant proece.
Guillaumes voit Terri venir
Tot apresté de lui ferir.
Encontre lui se rabandoune;
2120 Des esperons au cheval doune,
Si s'entrevienent li baron.
Terris le fiert de tel randon
Del roit espiel parmi l'escu
Que tot li a frait et fendu :
2125 Se li haubers ne fust si fors,
Passés li fust parmi le cors.

2097 Un — 2111 Tot

Guillaumes tint l'espee traite
Dont ot mainte envaie faite :
Terri feri de tel ravine
2130 Tot le fendi jusqu'en l'eschine,
Que mors trebuche du cheval.
Après li dist : « Mar fus, vassal.
« Mult fuisses prex, mien essient,
« S'auques vesquisses longement.
2135 « Sovent t'ai wi veu ferir
« Et les grans presses departir.
« Sovent as hui ma gent laidie;
« Mais or en as perdu la vie.
« Tes hardemens, li grans, li fors,
2140 « Te racompaigne avec les mors. »
Quand ot ce dit, arriere torne ;
Saisne devienent triste et morne.

Quant li dus voit son neveu mort,
De sa dolor ne set confort :
2145 N'i vaut confors, ne set que face.
Des iex li corent lés la face
Les chaudes larmes contreval ;
Chai pasmés de son cheval,
Quant si home l'ont receu.
2150 Por son neveu qu'avoit perdu
Se pasme entre lor bras sovent.
Mult le regrete doucement :
« Ahi ! biax niés, com tu mar fus,
« Et com mar fu ta grans vertus,
2155 « Ta grant proece et tes grans sens,
« Et ta biauté et tes jovens!
« Bien doit estre mes anemis
« Cil, biax niés, qui vos a ocis
« Et qui de moi si tot vos part.
2160 « Del duel que j'ai li cuers me part.

2152 regretent — 2160 *Ce vers manque*

« Part? voirement me partira,
« Se je venger ne te puis ja. » (d)
Sa gent apele environ lui;
A eus se plaint de son anui :
2165 « Ahi! baron, quel desonor!
« Voiés quel perte et quel dolor
« Recevons hui par cel vassal
« Qui siet desor cel noir cheval.
« S'il seus ne fust, pieça que feussent
2170 « Et mort et pris; garant n'eussent;
« Mais sa proece les fait tous
« Fiers et hardis et coragous.
« Orendroit m'a mon neveu mort,
« Dont tele ire en mon cuer en port
2175 « Que n'arai mais joie en ma vie
« Tant comme il ait el cors la vie.
« Vos qui amé m'avés tos jors,
« Et qui deservés les honors
« Que vos volés que je vos doingne,
2180 « Or parra a ceste besoingne :
« Vengiés, se viax non, vos amis
« Que cis vassaus vos a ocis.
« Poignons, trop avons atendu. »
Lors sont ensamble destendu;
2185 Tot qui ains ains poingnent et brochent,
Forment s'esploitent et esforcent
Por la proiere lor signor.
Guillaume voient en l'estor,
Qui de lor gens fait dessepline :
2190 Ferir le vont par tel ravine
Que le vassal et le destrier (f° 95)
Ont fait a terre trebuchier.
Cil resaut sus par ire faite;
En son poing tint l'espee traite;
2195 Devant son pis a trait l'escu.

2169 fuissent — 2171 tos

Vers lui voit acourir le du :
Sore li cort et il sor lui.
Ja i porra avoir anui
Et du sanc perdre ou tost la vie,
2200 Se des siens n'a prochaine aie;
Car de totes pars est enclos.
Lancent li dars et gavelos
Et bons espiex tranchans, agus.
Frais et perciés est ses escus,
2205 Ses haubers rous et desmailliés,
Et il set fois el cors plaiés
Si que li sans aval li raie.
Mais neporquant pas ne s'esmaie;
Au brant d'acier tex cox lor done
2210 Que tos les fent et decopone;
Fiert et ocit et acravente,
Les vis desor les mors adente;
Comme sanglers lor livre estal.
Diex, quel baron et quel vassal!
2215 A quel meschief il se deffent!
Bien s'en alast, mien essient;
Ja n'eust garde por iaus tos,
Ne fust li fel, li orgeillos,
Li dus qui ses barons manace
2220 Que tant lor tient cil vassax place,
Et dit : « Grant honte avoir poés.
« Que faites vos, que nel prennés?
« Merveilles voi, que uns seus hom   (b)
« A vers vos tos deffension.
2225 « Trop par vos tient tos a mauvais. »
Dont li corent sus a eslais.
Qui dont veist vassal guenchir,
Son cors tenser et eus ferir!
Comme il sovent en eus s'enbat,
2230 Com les ocit, com les abat,

2196 *Ce vers manque* — 2217 aius — 2220 Qui

Com se deffent, com les detrenche,
Comme sa vie lor calenge !
N'i a un seul, se bien l'ataint,
De lui mal faire plus se paint ;
2235 Bien se deffent, mais ne li vaut.
Li rois le voit et crie en haut :
« Vassal, vassal, ja comperrés
« Le damage que fait m'avés
« De mon neveu que avés mort.
2240 Et cil respont : « Vos avés tort.
« Assés aim mix, foi que vos doi,
« Que je l'aie mort que il moi,
« Et sor moi deffendant le fis. »
Li dus s'escrie : « Rent te pris.
2245 « Rent te a moi tost, laisse te prendre,
« Si te ferai le matin pendre. »
Et cil respont : « Encor sui ci.
« Onques n'aiés de moi merci.
« Bien sai, se prendre me poés,
2250 « C'a mauvais port sui arrivés.
« Mais tant com Diex me gart ma vie
« Et cest mien brant ou je m'afie,
« Qui si vos cuide chastoier (c)
« Et tiex nouveles acointier,
2255 « Quant le sarés, n'arés talent
« De moi prendre, mon essient. »

Li dus rescrie ses barons ;
Tos de rechief les a semons :
Par grant ire les amoneste
2260 Que del vassal prengent la teste.
Dont le ramprosnent et achaignent ;
De lui ocire ne se faignent.
Cil se deffent, mais riens ne monte,
Car sor lui descendent troi conte

2245 Ren

2265 Et tant vassal et tant baron
Qu'as mains le prendent, voelle u non.
Li destriers escapés estoit;
Comme tempeste s'en fuioit.
Entre ses piés ses regnes routes
2270 S'en va fuiant parmi les routes.

Quant la maisnie au damoisel
Voient venir sans lui Morel,
La sele sor le dos sanglente,
Chascuns s'effroie et espoente;
2275 Plorent et crient lor signor,
Cuident que mors soit en l'estor.
Regardé ont vers un pendant;
Mener l'en voient tot batant :
Comme larron l'en amenoient;
2280 Les mains loiies li avoient
Et ambesdex bendés les iex.
Vers lui s'adrecent qui miex miex.
Li uns devant l'autre s'avance, (d)
Tant veut chascuns sa delivrance,
2285 Tant le goulousent, tant l'embraignent.
Ja i parra se de riens l'aiment;
N'i redoutent peril ne mort.
Poignent par ire et brochent fort;
Chascuns entoise le brant nu ;
2290 Trés enmi eus se sont feru.
Grant frainte font a l'envair.
Lors veissiés cox departir,
Ces elmes fraindre et descercler,
Desjoindre escus, haubers fausser,
2295 Testes coper par mi et fendre,
Cervax voler et sanc espandre,
Tant pié trenchié, tante coraille,
Tante ventree, tante entraille,

2282 qui mix mix

Tant pié, tant poing, tante boiele,
2300 Tant chevalier chaoir de sele,
Qui onques puis ne remonta.
Desqu'en la virge s'aombra
Li rois du mont et il nasqui,
Ne fu estors plus sans merci.

2305   Li emperere i est venus,
O lui quarante trois escus;
Dont par fu efforciés li cris
Et espoissiés li fereis.
La gent Guillaume ont tant feru
2310 Et le grant caple maintenu,
Que dusqu'a lui wide la place,
Qui qu'il soit bel ne qui qu'il place.
Quant parvienent a lor signor,   (f° 96)
Les gardes metent a dolor :
2315 Qui ne se puet d'iluec fuir,
En la place l'estuet morir.
Desloié l'ont et desbendé;
Sor un destrier le ront monté
Qui plus est blancs que flor de lis ;
2320 Le brant d'acier li ont remis
Ens el poing destre maintenant.
Quant li vallès senti le brant
Et il refu el bon destrier,
Lors li veist on desrengier
2325 Et aqueudre ses anemis,
Comme li faus fait les pertris.
Ne lor porte nule manaie,
Mult aspre raençon lor paie ;
Et voit le duc entre sa gent :
2330 Vers lui s'eslaisse ireement.
Une lance li ot baillie
Uns chevaliers de sa maisnie;
Ferir le va par tel ravine
Ens en l'escu sor la poitrine

2335 Que tot le fraint et escantele.
      L'auberc li fraint et desclavele.
      Parmi l'espaulle l'a ataint
      Et par si grant vertu l'empaint
      Que trestot a fait trebuchier
2340 Et le signor et le destrier.
      Sor lui remest l'espee traite
      Et se li dist par ire faite :
      « Sire, vesci vostre prison   (b)
      « Prest de paiier sa raençon.
2345 « N'a gaires que me voliés pendre ;
      « Or le poés de vos atendre.
      « Tele est ore la destinee :
      « Por moi ferés ceste corvee. »
      Li dus l'entent, merci li crie,
2350 Que se lui plaist, que ne l'ocie,
      Car n'i voit secors de sa gent :
      Ou vuelle ou non, son brant li rent.
      Il s'abaisse sor le cheval,
      Devant le prent par le nasal,
2355 Si le maine l'empereor,
      A lui le rent comme a signor.
      L'emperere Dieu en aoure ;
      Le dansel de joie cort soure,
      Si l'a baisié et cent mercis
2360 Li rent du duc qu'il avoit pris,
      Son anemi, le traitor,
      Et mult l'en pramet grant honor.
      Saisne voient pris est lor mestre ;
      Desconfit sont, n'en puet el estre,
2365 Pris est lor sire et lor conduis.
      Ainc n'i ot trait ne lancié puis,
      Home adesé, ne cop feru ;
      Por lor signor qu'il ont perdu
      S'enfuient maintre communal :

2336 le fraint

2370 Liés fu qui sist sor bon cheval.
Desroutes sont les grans compaingnes :
Fuiant s'en vont par les montaingnes
Et par les vauls et par les plains, (c)
Et qui mix mix et qui ains ains.
2375 Qui ot cosin, neveu ne frere,
Ami charnel, oncle ne pere
Ne l'i atent plus que autrui ;
Chascuns a trop a faire en lui.
Après sievent emperial,
2380 Baut d'iaus ocire, o le vassal
Qui tot devant les enchauçoit,
Et si les tient en grant destroit
Que trestot son plaisir en fait.
Ne vos en quier faire lonc plait :
2385 Tuit fuissent Saisne en fin destruit,
Mult poi en escapast, je cuit,
Tuit fuissent mort ou pris sans faille,
Se auques durast la bataille.
Mais la nuis vint et il en vont ;
2390 Et cil qui enchaucié les ont
O lor prisons s'en retornerent ;
L'empereor les presenterent.
Bien en i ot de ces prisons
Cinq cens ou plus de haus barons.

2395 L'emperere a son conseil pris
A ses barons, a ses marchis,
Que ciaus rendra lor hyretés
Et d'eus prendra les seurtés.
Ensi ont dit ; ne mais li dus
2400 Fu bien gardés et bien tenus.
L'emperere fait sa besoingne
Par tot le regne de Saisoingne ;
La terre a tote a lui sousmise, (d)

2395 lempereres

Si comme il vuet a sa devise.
2405 Li viel, li jovene, li chenu
Sont tot a sa merci venu.
Trestuit en sa merci se rendent
Et lor honors de lui reprendent;
Puis met ses gardes par les tours,
2410 Par les cités, par les honours.

Quant la chose fut achievee,
Et ot mis pais par la contree
Et sa besoigne ot bien fornie,
Si s'en repaire en Lombardie ;
2415 Le duc en sa prison enmaine
Qui sovent pleure et dolor maine ;
Sovent regrete ses amis
Qui por lui sont et mort et pris,
Son neveu, sa terre et s'ounor
2420 Qu'a perdue a tel desounor,
Et lui meisme plus griément.
« Diex! » dist il, « pere omnipotent,
« C'est a boin droit se je me duel.
« Mar vi onques mon grant orguel,
2425 « Mon grant forfait, ma desmesure. »
L'ore maudit que il tant dure;
Tant a dolor et tant a ire
Et tant sa plaie li empire
Que il avoit el cors si grant,
2430 Qui a la fin le va traiant,
Ne sai del duc que plus vos die :
Del cors li est l'ame partie.
L'emperere set qu'il est mors;   (f° 97)
A une iglise en fait le cors
2435 Mult richement ensevelir
Et enterrer et enfouir.
En un sarqu de marbre bis
Ont le cors seelé et mis.
Mult ont fait riche sepouture.

2440 Quant li ont faite se droiture,
Si se remetent a la voie
Ensamble tuit a mult grant joie.
Ainc n'i parlerent de repos
Si sont repairies les os.
2445 Repairié sont a lor maisnies
Ki d'ex furent joians et lies.

L'emperere a messages pris,
A sa fille les a tramis,
Mande que sains et saus repaire.
2450 Tant ont esploitié lor afaire
Li message que venu sont
A la pucele et dit li ont.
Quant Meliors ot la nouvele,
Sachiés de voir mult li fu bele.
2455 Andeus ses mains vers Diu en tent
Et de bon cuer graces l'en rent.

Puis demande les messagiers
Des barons et des chevaliers,
Comment le font, comment lor vait.
2460 . . . .
« Trovastes vos onques nului
« Qui vos i ait fait faire anui?
— Oil. — Qui fu? — Li dus dela
« Qui une tel gent assambla   (b)
2465 « Que ne furent pas mains de nous.
— Volrent cil dont mouvoir vers vous?
— Mouvoir vers nos? Qu'avés vos dit?
« Si grant bataille nus ne vit,
« Si dolerouse ne si fort,
2470 « Ou tant preudon receust mort.
— Com vos avint? Dites le moi.
— Bele, tuit fuissoumes par foi

2466 sil

« Vaincu et mort et l'ost perie
« Se cil qui prouece n'oublie,
2475 « Li bons vassax, li fors, li fiers
« Et li nobile chevaliers
« Qui tant par est hardis et prous
« Et sire et maistres est de tous,
« Ne nos eust la secourus
2480 « Et garantis et deffendus.
« Se il ne fust tous seus ses cors
« Et sa prouece et ses effors,
« N'en escapast de nostre empire
« Certes li mieudres ne li pire.
2485 « Ensi somes par lui gari
« Et cil dela mort et peri. »
Dist la pucele : « Biau signor,
« Foi que devés l'empereor,
« Qu'est cil vassaus dont tant parlés?
2490 — Dame, li nouviax adoubés.
— « Guillaumes?— Voire.— Est ce dont il?
— Par foi, ma damoisele, oil.
— Si est de si trés grant valour?
— Non est.— Comment? — Que de grignour. (c)
2495 « Nos ne sarions raconter
« Comme il est plus vaillans et ber. »
Après li ont conté sans faille
Com li avint de le bataille,
Com le neveu le duc ocist
2500 Et com li dus puis le reprist;
Comme il se deffendi au prendre
Et com li dus le voloit pendre,
Et comme il fu puis de sa gent
Rescous des Saisnes fierement,
2505 Et com le duc reprist le jour
Et rendi a l'empereour,
Et comment il furent vencu

2479 la *manque,* secoureus — 2494 grignor — 2503 puis *manque*

Quant lor signor orent perdu,
Et comme il fu navrés el cors
2510 Et comme en la prison est mors.
« Ne sai », font il, « que plus vos die ;
« N'a tel vassal jusqu'en Roussie. »

Dist la pucele : « Biau signor,
« Vient il avec l'empereor?
2515 « — Oil. — Est sains? — Dame, nenal,
« Car plaies a qui li font mal.
« — Garira il ? — Oil, sans doute ;
« Trés bien chevauce et vient la route. »

Meliors ot que ses amis
2520 En ot sor tos eu le pris.
Le pris avoit, tot a vencu ;
Et en son cuer si liee en fu
Que mais nen ot joie grignor.
A tant es vos l'empereor :   (d)
2525 Ou est descendus au perron,
Il et si home et si baron,
La damoisele encontre vait :
De son pere grant joie fait
Et de son ami ensement ;
2530 Mais si la fait cortoisement
Que nus n'i puet noter nul mal.
La pucele dist au vassal
Celeement et en recoi :
« Amis, ancui parlés a moi,
2535 « En ma chambre ; nel laissiés mie. »
Et cil par signes li otrie,
Car il ne l'ose autrement faire.
Ne vos puis mie tout retraire
Com Roumain ont l'empereor
2540 Reçut a joie et a honor,

2511 il *manque* — 2521 a *manque*

Ne le riche apareillement
C'on fait a son avenement.
Mult en ont grant joie menee
Et mainte larme i ot plouree
2545 Par la cité, par le pais,
De lor parens, de lor amis
Qui en la bataille sont mort.
Mais ce lor fait grant reconfort
Que il en ont victoire eue
2550 Et la gent morte et confondue
Qui contre aus revelee estoit.
Mesire Guillaumes parloit
Tot a son plaisir a s'amie.
Mult par demainent bele vie (f° 98)
2555 Grant piece ensamble li amant,
Desi a une feste grant
C'on dit a Paskes en esté,
Que l'emperere a sejourné
A Roume dusqu'a icel jour.
2560 O lui furent venu pluisour
De ses princes, de ses barons
Qu'a cele feste avoit semons.

Grans fu la cours et l'assamblee ;
A tant es vos toute l'estree ;
2565 Trente barons de Gresse estoient,
Droit a l'empereor venoient ;
Chascuns porte un rain d'olivier
Por joie et pais senefiier
Et c'on sache messagier sont.
2570 Tant chevaucent la rue amont
Qu'au perron vienent, si descendent,
As escuiers lor chevax rendent.
Mult furent bien apareillié
Et richement enchevauchié ;

2560 venu pluisor — 2564 *Lacune*

2575 Tot a or sont lor garnement.
Montent el maistre pavement;
Ne voelent c'on les tiengne a fox :
Lor mantiax ostent de lor cox,
Sor lor espaulles les ont mis.
2580 Gens ont les cors et fiers les vis;
Chapiax d'or fin ont en lor chiés;
Les chevex ont blons et tranchiés,
Les barbes blanches et chenues : (b)
Ne samblent pas gens esperdues.
2585 D'aniax riches ont les dois plains
Et liiens d'or fin en lor mains
A cleres pieres comme glace;
Si comme il vont reluist la place.
Ne samblent mie jouvencel;
2590 Chascuns tint l'autre a son mantel.
Cil de la cour voie lor font,
Dusqu'a l'empereor en vont.
Premierement l'ont encliné,
Car c'est li us de lor regné;
2595 Puis le saluent li message
Mult noblement et son barnage
De par le riche empereor
Qui de Gresse tenoit l'ounor
Et de par son fil ensement.
2600 L'emperere respont briement :
« Signor, et Diex vos beneie
« Et vos et vostre compaignie. »
Après a li uns d'aus parlé :
Li autre l'ont tuit escouté.
2605 Cil avoit Joathas a non,
En Gresse estoit mult riches hon.
Un petitet s'est avant trais
Et dist : « Signor, or aiés pais. »
La cors se teut et cil parla

2583 barbes ont blancs

2610 Qui son message bien conta,
Puis a dit a l'empereor :
« Entendés, sire, et cist signor.
« Messagier sommes voirement
« L'empereor a cui apent (c)
2615 « Toute Gresse et Constantinoble,
« Qui tant par est et riche et noble,
« Les illes et les regions,
« Et les grans habitations.
« Si nos a ci tramis a toi,
2620 « Et si entent, sire, por coi,
« Et cist baron, » dist Joathas,
« Por une fille que tu as.
« Il a un fil, un damoisel ;
« Ne sai el siecle nul tant bel.
2625 « Si n'a plus d'oirs, emperere iert ;
« Por lui ta fille te requiert.
« Se li dones, mien essient,
« Plus avra or que tu argent,
« Et plus cités, bors et chastiaus,
2630 « Que tu viletes ne masiaus.
« Enseurquetot bien sés de voir
« C'onques ne fu por nul avoir
« Feme plus riche ne plus noble
« Que dame de Constantinoble.
2635 « De bonne eure fu cele nee
« Cui tele honors sera dounee.
« Garde n'i ait refusement :
« Ci voi tes princes et ta gent ;
« Conseille toi que tu feras,
2640 « Se tu cest plait otroieras. »

L'emperere a son conseil pris :
Ce lor otroie qu'il ont quis ;
Le mariage a creanté

2629 chastiax

GUILLAUME DE PALERNE.

Et d'aus reprent la seurté (d)
2645 Qu'ensi iert fait que dit li ont,
Et qu'a la saint Jehan venront
Li doi signor lor noces faire;
Cil l'otroie cui mult doit plaire.
Es vos la cort de joie esmute ;
2650 Grant noise font et grant tumulte ;
Par la cité vait la nouvele
Que dounee ert lor damoisele.
Grant joie mainent aval Rome
La povre gent et li riche home.

2655 Mesire Guillaumes ert lors
A un bouhordeis defors
Ou damoisel s'esbanooient :
En une quintaine feroient.
Quant la novele a entendue
2660 Que afiee estoit sa drue,
La coulor pert et la vigour ;
A poi ne se muert de dolour.
Guenchist le col du palefroi,
Laisse le gieu et l'esbanoi ;
2665 A tant s'en part, baisse la teste,
Dusqu'a l'ostel pas ne s'arreste.
Ens en un lit se fait coucier ;
Or n'a en lui que courecier ;
De lui ne set nul reconfort :
2670 Soi meisme requiert sa mort.

En son palais, el maistre estage
Ert l'emperere et son barnage,
Si duc et si prince et si per,
Et sa fille fist amener. (f° 99)
2675 Et il dient, quant l'ont veue,
K'ainc sa paraus ne fu veue :

2653 Roume

Ainc mais ne fu si bele feme,
Sor toutes autres est la gemme;
Mult l'ont de grant biauté loee.
2680 En sa chambre s'en rest entree
La pucele, cui mult desplaist
Çou que ses pere a de lui fait.
Bien dist ele meisme a soi
Et jure Dieu, le souvrain roi,
2685 Que ja cis plais fais ne sera,
N'autrui que son ami n'avra.

Mult s'esmerveille l'emperere
Ou mesire Guillaumes ere,
Quant a la court n'estoit venus
2690 Ne ceus de Gresse n'ot veus.
Querre le fait, mais on li dist
Qu'a son ostel malades gist.
Mult em poise l'empereor,
Car mult l'amoit de grant amor,
2695 Mais por les messages Grijois
N'en fait samblant a cele fois.
Cele nuit l'ont laissié ensi.
Mult furent bien li Grieu servi
Et conjoi et festivé.
2700 Dusqu'a tier jor ont sejorné
Li Grieu avec l'empereor.
Mult par se loent de l'ounor
Que d'aus a l'emperere faite;
Mult iert bien en Gresse retraite,   (b)
2705 Se Diex les laisse repairier.
Ne se voelent plus detrier
Li messagier, congié ont pris,
Puis s'en revont en lor pais
A lor signor, joiant et lié,
2710 Car lor voloir ont esploitié.

Ici lairoumes des Grijois,

N'en dirons plus a ceste fois;
Mais ne laissons pas a itant,
Ains dirons or ci en avant
2715 De Guillaume qui si adole.
A poi entent, mais ne parole,
A paines ot, mais n'entent.
Mult le requierent doucement
Toutes les gens de la cité
2720 Et du pais et du regné
Et dient tuit : « Diex, quel dolor!
« Hé! bons vassaus, plains de valor,
« Plains de francise et d'onesté
« Et de grant debounaireté,
2725 « Com grans damages ce seroit
« Se de vos cors mesavenoit!
« Sire, sor tos autres vaillans,
« Com par estiés gentix et frans,
« Larges sor toute creature,
2730 « Plains de grant sens et de mesure,
. . . .
« Joules et biax et acceptables !
« Fu onques mais de vostre eage
« Hom qui tant eust vasselage?
2735 « Plus en aviiés que n'ont mil.   (c)
« Diex nos gart tos de cest peril,
« Car trop seroit li anuis griés,
« Se vos, biau sire, moriiés. »
Ensi disoient par la vile :
2740 Plus le regretent de cent mile.

L'empereres a tel contraire
Du damoisel, ne set que faire;
Por son malage a le cuer noir.
Alés i est por lui veoir;
2745 Si li demande que il fait.
Cil respont : « Sire, mal me vait.

— Mal ? — Voire, trop. — Amis, comment ?
— Sire, bien sai a escient
« Qu'a la fin trai sans nul resort ;
2750 « En moi n'a mais el que la mort.
« Mais Diex par le sien chier plaisir
« Vos puist les grans amors merir
« Que m'avés fait, se vos plaist, sire. »
A tant se teut, ne pot plus dire.

2755   Quant l'emperere ce entent,
A poi que de dolor ne fent ;
A poi ne fent, tant est maris,
Quant si le voit de mal aquis.
Tel dolor a por le vassal
2760 L'eve des ex li file aval,
La barbe moille et le menton
Et les geules du peliçon ;
N'i puet plus estre de pitié :
Au damoisel a pris congié.
2765 Tornés s'en est, et cil remaint   (d)
Qui de sa grant dolor se plaint.
Ens en son cuer celi reclaime
Por cui il vit et qu'il tant aime ;
Mais la bele nel savoit mie.
2770 Quant la nouvele en a oie,
De lui ne set nul reconfort :
Se il se muert, bien velt sa mort ;
S'ele s'em part, sa mort desire.
A soi meisme prist a dire :
2775 « Sire Guillaumes, amis dous,
« Flors de biauté, vaillans et prous,
« Sor tous vaillans, sor tous eslis,
« Ne place au roi de paradis
« Se vos morés que je en vive. »
2780 Lors se claime lasse chaitive,

2776 prox

Morte vousist estre son voel;
S'ele osast bien moustrer son doel
Por la vergoingne de la gent
Trop en feist, mien essient,
2785 Mais por itant s'en est targie
Et si en double sa haschie;
Puis dist : « Hé! Dix, conseilliés moi.
« J'irai a lui. Naie. Pour coi?
« Se jou i vois, trestuit diront,
2790 « Mien essient, et droit aront,
« Que trop par sui legiere et fole.
« Si le lairai por lor parole?
« Non ferai, voir, mais por m'ounor.
« N'a il et mon cuer et m'amor?
2795 « S'il a mon cuer, puis je sans lui? (f° 100
« Ne sai qui en avra anui,
« Car ne lairai por male envie
« Ne por chose que la gens die
« Que je ne voise a mon amant.
2800 « Sans lui ne pris ma vie un gant. »

Ensi s'est cele asseuree.
Au damoisel en est alee;
Avec li maine de sa gent,
Tant com li plot, a son talent.
2805 En la chambre entre Meliors.
Li autre sont remés defors,
Fors seulement Alixandrine.
Cele s'en va o la meschine,
Au damoisel vient, si l'acole,
2810 Tendrement pleure, a lui parole.
« Sire Guillaumes, amis dous,
« Por l'amor Dieu, que faites vous?
« Seule sui ci venue a toi.
« Biax dous amis, parole a moi.

2782 duel

2815 « Que devenra ceste esgaree
 « Qui por toi est si effreee?
 « Ja sui je vostre amie chiere. »
 Cil se gisoit vers la maisiere;
 Retorne soi, si l'a veue.
2820 « Bien soiés vos, » fait il, « venue,
 « Bele trés douce chiere amie.
 « Amie? las! mais anemie,
 « Anemie tot entresait.
 « Bele, por Dieu, por quel meffait
2825 « M'avés vos si ocis et mort?   (b)
 « Pechié avés fait et grant tort.
 « Plus que riens nule vos amoie,
 « Tous tans, bele, vos desiroie;
 « En vos estoit mis mes espris,
2830 « Toute ma joie et mes delis,
 « Et sera tant com je vivrai.
 « Mais puisque perdue vos ai,
 « Courte sera ma vie et briés.
 « Et cent mercis de Dieu aiés
2835 « Que venistes ci a moi, dame,
 « Car mix en sera mais a l'ame. »

 Cele quant son ami entent,
 A poi que de dolor ne fent;
 Mult doucement a respondu :
2840 « Sire, por Dieu le roi Jhesu,
 « Cuidiés vos dont ceste chaitive,
 « Se vos morés, que ele en vive?
 « Nenil, ne Diex ne le consente,
 « Qu'après vos durt ceste dolente.
2845 « Et si dites que vos ai mort:
 « Certes non ai, vos avés tort,
 « Et que vos perdue m'avés.
 — Voire. — Comment? — Bien le savés.
 — Non sai, certes, ja Dieu ne place
2850 « Que je, biax dous amis, le sace.

— Voire, dont n'estes vos plevie?
— Se mes peres fist sa folie,
« Quidiés vos dont que je le tiegne?
« Certes, je non, que qu'il aviegne,
2855 « Ja n'averai duc ne contor, (c)
« Baron ne fil d'empereor
« Por riens que nus hom peust faire;
« Ançois me lairoie detraire
« Ou escorchier ou enfouir,
2860 « Que de vos me doie partir.
« De vos, amis, ne partirai,
« N'autrui que vostre ne serai,
« Si em poés mult bien fis estre.
— Bele, por Dieu le roi celestre,
2865 « Se je de ce seur estoie,
« Jamais nul mal ne sentiroie,
« Ains seroie tous fins garis.
— Oil certes, biax dous amis;
« Ja nen volrés riens ne vos face. »
2870 Lors s'entreprendent brace a brace;
Si s'entrebaisent loiaument
Et font ensamble lor talent
Tant com lor plot, mais l'eure vint
Que a raler les en couvint.
2875 Congié ont pris joiant et lié,
Droit a l'ostel sont repairié.
Cil est remés a son ostal
Qui or ne sent ne bien ne mal;
Del lit se lieve isnelement,
2880 Bien s'apareille et richement,
Tos est garis, tos est haitiés.
Mult par en est li pules liés;
Bien sevent tuit ceste novele
Que gari l'a la damoisele, (d)
2885 Et dient tuit que mult est sage,
Quant garir set de tel malage.

2854 aviengne — 2884 l'a *manque*

A la cort vint li damoisiax :
Li emperere Nathaniax
L'acole et baise, et mult li plait
2890 Ce que sa fille a de lui fait,
Car ne set pas la chose vraie.
Or est bien drois que vos retraie
Des mès grijois. Tant chevauchierent
Qu'arriere en Gresse repairierent.
2895 As signors content les nouveles
Qui mult lor sont plaisans et beles ;
Mult en sont lié li doi signor.
Tel apareil ne tel ator
Ne vit nus hom comme il font faire.
2900 Li termes vint de cel afaire ;
Ne se voelent plus detriier.
Venu furent li chevalier
Qui avoient esté semons :
Mult i ot princes et barons,
2905 Rois, dus, contes et bons demaignes :
Mult i sont grandes les compaignes ;
Monte l'emperere et ses fix.
Tant est grans la route des Grix
Que ne vos sai dire quans cens
2910 Ne quans millers i ot de gens.
Esmut se sont a mult grant joie ;
Tant ont alé la droite voie
Li Grieu desor les palefrois
Qu'a Romme vinrent ains un mois.

2915   L'emperere set la novele,   (f° 101)
Poés savoir mult li est bele.
Encontre eus vait, pas ne s'areste ;
Mult les conjot et fait grant feste.
Des deus signors grant joie maine,

2889 plaist — 2905 hons demaignes

2920 D'iax honerer forment se paine.
En la cité tornent arriere,
Qui mult estoit de grant maniere
Bel atornee et richement :
Encontre lor avenement
2925 Totes sont jonchies les rues,
Et pardeseure portendues
De cortines, de dras de soie.
La peussiés oir grant joie,
Chanter vaslès et damoiseles,
2930 Souner et rotes et vieles,
Trompes, flehutes et frestiax,
Et buisines et moieniax,
Souner et timbres et tabors,
Et urs combatre et beteors.
2935 Tel noise mainent et tel bruit,
Tote la vile en toune et bruit.

As ostex vienent li signor ;
La sont reçut a grant honor,
Mult honeré et richement.
2940 Tel sont li apareillement
Que li Grieu font par la cité
Que ne vos puet estre conté.
Mult honeurent Roumain Grijois :
Destriers et muls et palefrois,
2945 Joiaus d'or fin, chiens et oisiax   (*b*)
Leur ont tramis par ces ostiax.
Grans est la joie que il font.
Or est bien drois que je vos cont
De dant Guillaume et de sa vie.
2950 En sa chambre ert avec s'amie,
Sovent se plaint et dist a li :
« En non Dieu, bele, mar vos vi;
« Mar acointai vostre acointance.

2930 Sounent — 2934 Et vers — 2949 dant *manque*

« Deffié m'a vostre afiance,
2955 « Et sachiés j'en avrai la mort.
« Et si sai bien que je ai tort,
« Bele, quant riens vos en demant,
« Mais tant par ai le cuer dolant
« Que ne sai comment me deduise;
2960 « Vis m'est que toute riens me nuise. »

Cele fu mult sage et mult prous;
Se li a dist : « Biax amis dous,
« Se vos plaist, tot ce n'a mestier.
« Mais or pensons de l'esploitier,
2965 « De l'esgarder et del porquerre
« Comment soions fors de la terre,
« Que ne soions aperceu,
« Trouvé, ne pris, ne retenu.
« A ce nos convient mult entendre,
2970 « Car n'est loisirs de plus atendre. »
Cil li respont : « Ma douce suer,
« Et je l'otroi de mult bon cuer
« S'iere plus liés et plus joyans.
« Li rois del mont, li tot poissans,
2975 « Nos doinst a tel conseil venir   (c)
« Dont ambedui puissons joir. »
Puis ont diversement parlé
Et maint conseil pris et douné.
En mainte guise ont esgart pris
2980 Comment partiront del pais ;
Mais ne pueent trover engien
Ne soient pris, ce voient bien.
Alixandrine ont apelee
Qui por eus iert mult esplouree
2985 De ce qu'ensi aler s'en voelent,
C'andui li oel forment li doelent.
Mult l'ont apressee et requise.

2958 tant *manque* — 2961 mult *manque* — 2986 duelent

Que s'ele set en nule guise
Riens qui lor puist mestier avoir,
2990 Que ore en face son pooir.

Cele respont : « Mult ai grant doel.
« Ja ce ne vousise mon voel;
« Mais quant ne puet estre autrement,
« Bien vos dirai mon loement.
2995 « Vis m'est qu'aler vos en volés
« Ne que por riens ne remanrés.
« Mais quant li dui empereor
« Savront iceste deshonor,
« Qu'ensi arés vuidié la terre,
3000 « Par tot feront cerquier et querre.
« Garder feront tos les passages,
« Les pors de mer et les rivages.
« Ja n'i sera nus hons atains,
« Clers ne borjois frans ne vilains,
3005 « En tapinage n'autrement, (d)
« C'on ne sache son convenent.
« Et se estes reconneu,
« Trestos li ors qui onques fu
« Ne vos porroit garir de mort.
3010 « Ci a conseil grevex et fort.
« Mais or oiés, » fait la meschine :
« La val en cele grant quisine
« A escorcié bestes pluisors,
« Chevrex et dains et cers et ors :
3015 « Ce sont bestes c'on mult resoigne,
« Nus ne les voit qui ne s'esloigne
« Ains que vers eus ost aproismier,
« Tant sont cruel et fort et fier ;
« N'i puis autre conseil veoir,
3020 « Mais se poiés des piax avoir,
« Et dedens fuissiés encousu,

2991 duel — 3013 ours

« Ja n'estriés reconneu.
« Ensi porrés, je cuit, garir
« Et de la terre departir ;
3025 « N'i voi nule autre garison.
« Mais, si me face Diex pardon,
« De vo mengier ne sai que dire. »
Guillaumes commence a sourrire
Et dist : « Ma douce bele suer,
3030 « Cuidiés vos donques a nul fuer
« Que nule souffraite avoir doie,
« Tant que avec m'amie soie ?
« Bien viverons de nos amors,
« D'erbes, de fuelles et de flors.
3035 « Mais or pensés qu'ensi soit fait : (f° 102)
« N'avons mestier de plus de plait. »
La pucele lor prent a dire :
« Sire Guillaume, biax dous sire,
« Ceste chaitive que fera
3040 « Qui après vos demorera ?
« Ja me fera li emperere
« Morir de mort aspre et amere.
« Sus me metra icest afaire ;
« Si me fera vilment detraire
3045 « Et escillier a grant dolor.
« Sire, por Dieu le creator,
« S'il vos plaisoit, o vos iroie
« Mult volontiers en ceste voie.
« Grant mestier vos porroie avoir
3050 « A porchacier vostre estovoir. »
Li damoisiax li respondi :
« Bele, la vostre grant merci :
« Ce ne puet estre en nule fin. »
Cele s'en torne chief enclin,
3055 Qui mult fu sage et porpensee.
Comme serjans s'est atornee :
A la quisine s'en vint droit ;
Bien i sot faire son esploit,

Et va droit as escorcheors
3060 Qui escorchoient cers et ors
Et bestes mult d'autres manieres.
Deus en choisist grans et plenieres
De deus blans ors et d'un serpent
Que nus ne le perçoit noient.
3065 A la chambre droit s'en repaire; (b)
Bien a esploitié son afaire.
Mesire Guillaumes l'apele :
« Alixandrine, amie bele,
« Avés ce que mestiers nos est?
3070 — Oil, biau sire, vés le prest.
— Or tost, bele, de l'esploitier;
« Pensés del tost appareillier. »
Cele a prise la menor pel :
Par le commant au damoisel
3075 Sor Melior l'a estendue;
Ensi comme ele estoit vestue
De ses garnemens les millors
L'a encousue en la piau d'ors.

Quant en la pel fu enfermee,
3080 Alixandrine a apelee :
« Bele, que te samble de moi?
— Dame, par Dieu le souvrain roi,
« S'en ceste pel ne te savoie,
« Por cent mars d'or ne t'atendroie,
3085 « Si sambles ors et fiere beste
« De cors, de membres et de teste. »
Après a prise l'autre pel;
Par le commant au damoisel
A coroies longes et fors
3090 Li estendi desus le cors;
Sor la robe qu'il ot vestue
Li a la pel estroit cousue.
Quant de la pel fu revestis
Et bien fu ens laciés et mis,

3095 S'a apelé sa douce amie; (c)
« Bele, fait il, ne celés mie;
« Dites de moi que vos en samble?
— Certes, sire, li cuers me tramble,
« Quant vos esgart, si samblez fier.
3100 — Bele, pensons de l'esploitier, »
Dist Guillaumes a la meschine.
Tenrement pleure Alixandrine
Por la dame et por le vassal,
Car mult avoit le cuer loial.

3105 Quant es piax furent encousu,
Si sont andoi desconneu,
N'est nus qui tant les esgardast,
Qui autre chose li samblast
Fors que d'un ors felon et fier.
3110 Ne se vuelent plus detrier;
A la meschine congié prendent
Et cent mercis de Dieu li rendent
De ce que les ot conseilliés.
Des larmes ont les ex moilliés
3115 Por la pitié d'Alixandrine
Qui por aus dous sache sa crine,
Ses chevex tire, ses dras ront,
A poi que de duel ne confont.
Et cil se metent a la voie;
3120 Mais la pucele les convoie
Jusqu'a l'uis del vergier desous.
Souvent soupire por ex dous
Et pleure des ex tenrement;
Et quant vint au departement,
3125 De la dolor trois fois se pasme, (d)
Por la pitié qu'ot de la dame;
Et quant revint de pamison
A Dieu commence une orison :

3125 de la pitie

« Hé! vrais dous peres Jhesu Cris,
3130 « Rois sor tos rois poesteis,
« Vraie paterne, omnipotent,
« Biau sire Diex, si vraiement
« Com ciel et terre et tout formas,
« Et en la vierge t'aombras
3135 « Et preis incarnation,
« Sire, par sainte anoncion,
« Et forme d'ome et char humaine,
« Et garesis en la balaine
« Jonas qu'ele avoit englouti,
3140 « Si voir, sire, par ta merci
« Ces dous enfans gart et deffent
« D'anui, de mal et de torment,
« Et remet en prosperité,
« Sire, par ta sainte bonté. »
3145 A tant se teut, et cil s'en vont
Cui Diex consaut, li rois del mont.
A quatre piés vont comme viautre,
Si vont regardant li uns l'autre.

Uns Griex estoit el gaut venus;
3150 Quant les ors a aperceus,
De mort ne quide avoir garant.
Plus tost qu'il pot s'en va fuiant,
A l'ostel vint pales et tains
Plus tost qu'il pot, que ne pot ains.
3155 Ce li dient si compaignon :   (f° 103)
« As tu eu riens se bien non ?
— Oil. — Tu coi ? — Mult grant paor.
« En cel vergier, lés cele tor,
« Estoie alés por veoir l'estre,
3160 « Et doi blanc ors, fier et rubestre,
« Sont eschapé, par la s'en vont.
« A poi que devouré ne m'ont;

3136 par ta sainte — 3146 qui — 3160 rubeste

« Mais ne me virent pas, je croi,
« Et je m'en ving ains que je poi.
3165 « A vis deables les commant,
« Qui tant par sont hisdeus et grant. »

A tant me voel des Grijois taire,
Car avant ai mult a retraire.
Si diromes des jovenciax
3170 Qui encousu s'en vont es piax.
En la forest en sont entré;
Tant ont ensamble andui erré
Que cele nuis fu trespassee;
Si s'esclaira la matinee.
3175 Li damoisiax s'amie apele :
« Melior, douce damoisele,
« Vés le jor grant et si esclaire;
« Conseilliés, que porrons nos faire?
« Hui mais iront li paisant,
3180 « Li chevalier et li sergant,
« Cil qui as noces vont a Rome.
« Diex, qui formas le premier home,
« Sire, par ton commandement
« Deffent nos hui de male gent.
3185 — Amen, sire, » cele respont ;   (*b*)
« Diex nos en gart, li rois del mont.

— Bele, » se dist li damoisiax,
« Voiés, ja lieve li solax.
« Tans est de de reposer hui mais.
3190 « Querons ou fosses ou markais
« Ou nos puissons hui mais tapir.
— Sire, » fait ele, « a vo plaisir. »
En un parfont markais et grant
Sont embuscié li dui amant,
3195 Desous la raime, en la foillie.

3167 de griiois — 3181 roume — 3182 solaus

Mult lor pleust icele vie,
S'il ne fuissent en tel paor.
Sovent claiment le sauveor
Que or les gart par sa pitié.
3200 Lassé furent et traveillié,
Si avoient mult fain amdoi;
Mult volentiers, s'eussent quoi,
Mengassent, mais n'ont que mengier,
Ne il ne s'osent porchacier.
3205 Par la fuelle qeut la meschine
Les nois, le glant et le faine,
Les sauvechons, les boutonciax.
« Bele », se dist li damoisiax,
« Ne sai de moi qu'iert en la fin.
3210 « Je m'en irai vers le chemin
« Savoir se ja enconterroie
« Nului errant parmi la voie,
« Qui pain port a col ou a somme,
« Qui alast ou venist a Romme;
3215 « Car se truis home seul errant,   (c)
« Ne m'atendroit por riens vivant.
« S'il porte qui a mangier face,
« Vous en avrés, cui poist ne place,
« Car pis ne nos puet avenir
3220 « Que nos laissons de fain morir.

— Sire », ce dist la damoisele,
« Bientost saront ceste novele
« A Rome li empereor.
« Cil qui avront perdu le jor
3225 « A Rome l'aront tost portee :
« Tost ert esmute la contree,
« Et diront tuit ce avés fait.
« Se volés, sire, et il vos plaist
« A moi croire, ensi n'ert il mie.

3201 ambedoi — 3229 A *manque*

3230 — Comment donques, suer, douce amie?
— Ensi, biau sire, soufferrons.
« Mengerons glant et sauvechons
« Et de cest autre fruit boscage.
« Diex qui nos fist tos a s'ymage,
3235 « Il nos regart par sa douçor. »
Tant ont proié le creator
Que il les regarde et conseille.
Oie avés la grant merveille
Et l'aventure fiere et grant,
3240 Si com li leus ravi l'enfant
Por la grande destruction
Et por la fiere traison
Que ses oncles volt de lui faire,
Si comme avés oi retraire.
3245 Icil leus, meismes ses cors,   (d)
Lués que des chambres furent fors
Et a la voie furent mis,
Les a la nuit tant porsuis
Qu'il furent en l'embuschement;
3250 Puis s'en reva isnelement :
Jusqu'au maistre chemin s'en vient.
Bien set qu'as deus amans convient
Qui traveillié sont et lassé,
Car tote nuit orrent erré,
3255 Si avoient andui mult fain.
Garde u chemin, voit un vilain
Qui portoit blanc pain et char cuite :
Ja ert, s'il puet, d'aus deus la luite.
En un sachet l'ot estoie,
3260 Si le portoit à sa maisnie.
Li vilains vint, et li leus saut;
Cil voit la beste et crie en haut :
« Aidiés, biau peres glorious!
« Hui me deffent, que cis garous

3252 a .II. amans

3265 « De moi ocire n'ait poissance. »
Et li garous vers lui s'avance,
As dens l'aert et saut d'encoste.
Trés bien le tient par le hargote :
Tot estendu le vilain rue ;
3270 La viande li a tolue
Que il portoit a sa maisnie.
Mais se sa feme en est irie,
De ce n'ert gaires a la beste.
En la place plus ne s'arreste,
3275 Le vilain laist, a tant s'en torne, (f° 104)
Et li vilains pas ne sejorne,
Qui d'autre part mult tost s'en fuit.
Ja ne quide veoir la nuit ;
Soventes fois regarde arriere
3280 Qu'apres lui n'aut la beste fiere ;
Mais ja s'estoit mise a la voie ;
As deus enfans porte sa proie.
Grant piece va parmi le bois :
Quant cil entendent les effrois,
3285 Enfin quident que trai soient ;
Mais quant la beste venir voient
Qui la viande lor aporte,
Chascuns s'asseure et conforte ;
Mais ne sevent que ce puet estre.
3290 Et li garox descent del tertre
Jusqu'el fons del markais aval ;
A la pucele et au vassal
S'en vient droit en l'enbuschement.
Ce qu'il porte mult humlement
3295 A li garox devant aus mis,
Puis si se rest arriere mis
En la forest grant aleure,
Ne sai quel part querre aventure.
Et Guillaumes le sachet prent,

3288 Chascuns seure — 3296 remis

3300 Si le desloie isnelement;
Et quant le pain et le char voient,
Sachiés de voir mult s'en esjoient
Et rendent graces et mercis
Au roi souvrain de paradis.
3305 Ce dist Guillaumes a s'amie : (b)
« Bele, sachiés, ne nous oublie
« Li rois de toute creature.
« Bele, or oiés quele aventure;
« Fu mais tex merveille veue,
3310 « Quant Diex par une beste mue
« No soustenance nos envoie?
« Bien nos set, bele, en ceste voie,
« Car bien nos en fait demonstrance.
— Sire, » dist Meliors la france,
3315 « Plaire li puist que il le sace,
« Que il le voelle et qu'il li place,
« Car mult en sui asseuree. »
Atant ont lor raison finee.

Lors menguent, que fain avoient ;
3320 De ce qu'il ont bien se conroient.
Cascuns a traite sa main nue
Fors de la pel c'avoit vestue,
Car cele qui es piax les mist
A les enkeudre ensi le fist.
3325 Que chascuns puet sa main avoir
Si com lui plaist, a son voloir.
Par les geules qui sont es piax
S'entrepaissoient des morssiax ;
Mais il n'i ont sausse ne sel,
3330 N'il n'i boivent ne vin ne el;
Mais se li leus puet esploitier,
Ançois que laissent le mengier
Aront il, se il puet, a boire.

3324 A l'enkeudre

Un clerc encontre a un prouvoire,
3335 Qui li portoit a sa maison (c)
Un barisel de vin mult bon ;
Mais, je quit bien, n'en goustera
Li provoires qui le manda.

Quant li clers voit le leu venir,
3340 Ne set enfin que devenir :
Tout rue jus quan qu'il portoit,
En fuies torne a tel esploit
Comme cil qui ne cuide mie
Que il em puist porter la vie.
3345 Et li garox le barril prent,
Qui du clerc n'avoit pas talent
Qu'il li face nul autre mal.
A la pucele et au vassal
Est repairiés, devant lor rue.
3350 Après a sa voie tenue,
En la place plus ne s'arreste.
« Hé ! » dist Guillaumes, « franche beste,
« Com me faites grant cortoisie
« Qui secourés moi et m'amie !
3355 « Cil qui a nos t'a ci tramis
« En ait et graces et mercis,
« Et il garisse le tien cors.
— Certes, sire, » fait Meliors,
« Si forment sui asseuree,
3360 « Com nos eussent pais juree
« Mes pere et li sire des Griex
« Et Leheutenidus ses fiex
« Qui me devoit prendre a moiller.
« Mais or li puet bien detrier,
3365 « Et se Dieu plaist, si fera il. » (d)
A itant prendent le barril.
Il nen ont hanap ne vaissel,

3362 fix

Ançois boivent au barisel
Tant com voudrent et chascuns peut.
3370 Quant ont mengié tant com lor pleut,
Si s'endorment, car mult sont las,
En la foillie, bras a bras;
Lor grant paour ont oubliee.
Tant ont dormi en la ramee
3375 Qu'en droit vespre sont esveillié :
Mais de ce sont esmerveillié
Que dormi ont si longhement;
Ensi sont en l'enbuschement
Tant que la nuit fu parvenue.
3380 Adont ont lor voie tenue
Li dui amant par la forest ;
Or les conduie, se lui plest,
Li sauveres de tout le mont.

. . . .
3385 Et quant voient que il est jors,
Si vont a quatre piés comme ors.
Mais une riens sachiés por voir,
Que mult plus lait sont a veoir
Quant il sor les deus piés estoient,
3390 Que quant a quatre se metoient.
Ensi oirrent cele nuit toute ;
Bien les porsieut toute la route
Li leus qui pas ne les oublie.
Et quant li aube est esclarcie
3395 Et que li jors apert parfont,

. . . .
Et il voit que embuschié sont, (f° 105)
Li leus de quanques mestier ont
Les a porquis mult largement.
3400 Et quant vient a l'anuitement,
Si se remetent a la voie ;
Toudis la beste les convoie

3369 chascun pleut — 3386 piés *manque* — 3400 vint

Derriere, que nel voient pas;
Après les va sivant le pas
3405 Ne sevent estre près ne loing,
Ne les secoure a lor besoing
De trestot quan que mestier ont,
Si que nule souffraite n'ont.
Ensi trespassent le pais
3410 Et eslongent lor anemis.

D'aus le voel or ici laissier ;
Bien i saroumes repairier,
Quant lieus en ert ; mais or voel dire
De l'assamblee que il firent
3415 Qu'a Roume fu si grans joustee.
Bele fu mult la matinee
Et li tans biax et clers li jors
Et grans la noise et li tabors
Que demenoient par ces rues.
3420 Toutes les gens sont esmeues :
Par ces soliers sont ces puceles,
Ces dames et ces damoiselles,
Por esgarder la grant richece,
Le grand orguel et la noblece
3425 Dont ces rues plaines estoient.
Entr'aus communement disoient
C'ainc telle merveille ne vit on.   (b)
Monté estoient li Griffon
Et li Roumain tot de la vile,
3430 Dont il i ot plus de vint mile,
Estre les autres paisans
Dont les compaignies sont grans.
Montés fu l'emperere griex
Et avec lui estoit ses fiex
3435 Apareilliés mult richement,
Que nus ne set dire comment

3407 Trestot... m. i ont — 3423 richesce — 3427 Cain — 3434 fix

Lor garnement furent ouvré;
Tant furent de grant nobleté,
Ne le saroit nus hom retraire,
3440 Et por ce m'en voel a tant taire.

Monté sont tuit sor lor chevax
Et issu fors de lor ostax
Ou il atendent la nouvele
C'au moustier viegne la pucele.
3445 A Saint Piere, a la maistre iglise
Estoit por faire le servise
Li apostoiles revestus.
Ainc tex pules ne fu veus
Que avec lui ot amenés :
3450 Tant i a moines et abés,
Kardounax, vesques et prelas
Et arcevesques et liegas,
Tous revestus portant les croces,
Qui venu erent por les noces,
3455 Que tant n'en vit nus hom ensamble.
Toute la vile en crolle et tramble
Del son des cloches et del bruit (c)
Que par la vile mainent tuit.
La doit li Griex sa feme prendre;
3460 Mais longhement la puet atendre,
Car ne quit que jamès le voie
Por qu'il en ait soulas ne joie;
Ains en fera cil ses soulas
Qui or le tient entre ses bras.

3465 En son plus maistre mandement
Est l'emperere avec sa gent,
Son cors si richement vestu
D'uns dras qui sont de tel vertu
Que ja nul jor n'enviesiront
3470 Ne por vestir n'empierront.

3446 seruice — 3453 passent les croces

Ne vos puis mie tot descrire
Ne le façon conter ne dire,
Qui li douna, qui les fist faire,
Car trop i aroit a retraire :
3475 Si m'en convient taisir a tant
Qu'encor ai mult a faire avant.
Mult est de son eage biax
L'empereres Nathaniax :
Plus avoit de quatre vins ans
3480 Et les chevex chenus et blans
Et la barbe florie et blance.
Mult par avoit fiere samblance
Et mult estoit vaillans et sages.
Environ lui fu ses barnages :
3485 Tant i ot rois, dus et contors
Riches barons et vavassors
Et damoisiax, sans l'autre empire, (d)
Que nel vos sai conter ne dire ;
Et qui des dames des contrees
3490 Qui la estoient assamblees
Veist l'avoir et la richece,
La signorie et la noblece
De lor chiers garnemens de pris,
Et des puceles du pais
3495 Les mix vaillans, les plus prisies,
Qui el palais sont arrengies,
Qui as noces erent venues,
Comme erent richement vestues,
Nel tenist s'a merveille non ;
3500 Ainc tel richoise ne vit on.
Tant atendent que viegne fors
La damoisele Meliors.

L'emperere meismement
S'en esmerveille mult forment

3476 ait — 3478 nathaniaix — 3480 chevox — 3489 que — 3491 veir

3505 Por quoi sa fille tant demeure,
Car bien est mais et tans et eure
Qu'ele deust estre levee,
Apareillie et atornee
Si com por aler au moustier,
3510 Car roi, conte, duc et princier
L'atendoient et li haut home.
Nathaniel, li rois de Rome,
Savoir i fait comment tant targe :
Se li racontent li message
3515 Qu'en la chambre nel truevent mie,
Ne pucele qui de li die
Qu'ele puist estre devenue.   (f° 106)
D'ire et de maltalent tressue
L'emperere, quant il l'ot dire ;
3520 En la chambre entre par grant ire :
Alixandrine a apelee
Qui en son lit ert aclinee
Et a la pucele pensoit ;
Por li souvent des ex plouroit.
3525 Quant ele entent l'empereor,
Tant resoingne sa grant iror
Qu'ele ne set que devenir.
S'or ne se set vers lui couvrir
Et soi de sa raison defendre,
3530 Presente mort puet bien atendre.
A tant est d'une chambre issue,
Devant le roi en est venue :
Sa paour et sa mesestance
Cuevre de joie par samblance ;
3535 Si demande : « Que vos plaist, sire ? »
Et il respont par mult grant ire :
« Por qu'est ma fille tant targie,
« Qu'ele ne s'est apareillie ?
« Que ja est tierce ; enseurquetout

3512 roume — 3515 nen — 3522 est

3540 « Et si la fac querre partout,
     « Se nel puet on mie trouver.
     « Anuiier me doit et grever,
     « Quant je n'en puis oir novele.
     — Sire, » ce dist la damoiselle,
3545 « Se vos plaist, ne vos iriés mie.
     « Cil ne fisent pas cortoisie
     « Qui de li disent tel recort,   (b)
     « Qu'en sa chambre laiens se dort :
     « Ice sachiés vos bien de fi.
3550 — Or i va donc et se li di
     « Qu'ele se liet isnelement.
     — Sire, par le mien essient,
     « El ne voudroit parler a moi.
     — Est il ensi ? — Oil, par foi.
3555 — Por coi ? — Ne sai, » cele respont.
     « Par le signor qui fist le mont, »
     Fait l'emperere à la meschine,
     « Savoir en voel tot le couvine.
     — Certes, sire, se je osoie,
3560 « Mult volentiers le vos diroie.
     « — Oil. — Je ne quier : trop vos dout
     « Et vostre fille enseurquetout,
     « Que se de riens i ai mesdit
     « Ne en paroles ne en dit,
3565 « S'il vos plaist, sel me pardounés
     « Et a li por Dieu m'acordés.
     — Jel te pardoins, mais or me di.
     — Ce soit la vostre grant merci, »
     Respont cele qui n'est pas fole;
3570 Son samblant faint et sa parole,
     Puis li a commencié son conte.
     L'eve del cuer as ex li monte,
     Aval li file la maissele.
     « Sire, » ce dist la damoisele,

3541 on *manque* — 3555 sai sire cele — 3572 des cuer

3575	« Ne doi consentir vostre anui,
	« Car de vostre lignage sui
	« Et m'as norrie dès enfance, (c)
	« Et si ai en toi ma fiance.
	« Vostre fille forment me het,
3580	« Mais c'est a tort, si com Diex set.
	« Je fui a son couchier ersoir ;
	« Tant me fist devant li seoir
	« Que mienuis fu bien passee.
	« Toute ert la chambre delivree
3585	« C'ainc n'i remest, foi que doi vous,
	« Home ne feme fors nos dous.
	« La me descouvri son secroi :
	« Forment se plainst de vous a moi.
	« — De moi ? — Voire. — Sés tu comment ?
3590	« — Ma foi, por cest assamblement.
	« Ne vousist pas cest mariage,
	« Car on li a bien dit l'usage
	« Des signors de Constantinoble.
	« Ja n'aront feme, tant soit noble,
3595	« Si vaillant nule, ne prisie,
	« N'estraite de haute lignie
	« Qu'ele ne soit lués mise en serre.
	« Mult puet, ce dist, hair la terre,
	« La richoise, la region
3600	« De coi on n'a fors que le non.
	« N'avra fors non d'emperreis ;
	« Il ne li puet avenir pis :
	« Ensi vivra, mais comme pors.
	« Qui por son avoir pert son cors,
3605	« Ce dist qu'il fait male gaaigne.
	« Qui son cors pert, petit gaaigne ;
	« Si amast mix duc u contor, (d)
	« Ou fil d'un povre vavassor,
	« Que tel honor ne tel richece,
3610	« Dont tos jors mais iert en tristrece.
	« Après me dist une parole

« Dont le repris et ting por fole,
« Dont si forment m'a enhaie. »
Dist l'emperere : « Suer, amie,
3615 « Dites le dont, jel voel savoir,
« Ou soit folie ou soit savoir.
— Biau sire, or nel tenés a mal :
« Son cuer a mis en un vassal.
— Son cuer ? — Voire. — Di moi comment.
3620 — Sire, par Dieu omnipotent,
« N'aime tant riens comme fait lui,
« Ne soi meisme ne autrui ;
« Voirement n'est riens que tant aint ;
« C'est ce dont ele plus se plaint.
3625 « Quant j'oi ce, si l'en blasmai ;
« Tant l'en repris et chastoiai
« Qu'ele m'en a si enhaie
« Que de li sui par mal partie.
— Diva, » fait il, « ne me celer :
3630 « Qui est cil qui osa penser
« Vers ma fille tel deshonor ? »
Cele respont l'empereor :
« Sire, ce est li jouvenciax,
« Li preus, li sages et li biax.
3635 — Guillaumes ? — C'est cil entresait.
— Voire, si m'a tel honte fait !
« Norri l'avoie et alevé, (f° 107)
« Chevalier fait et adoubé
« Et seneschal de mon empire.
3640 « Verités est qu'ai oi dire
« Qu'on norrist tel et fait tot bien
« Que mix li vendroit faire un chien.
« Malement s'est provés vers moi ;
« Mais par celui en cui je croi,
3645 « Qui por nos eut pené son cors,
« Ne le garroit trestos li ors

3633 iouuinciax

« Qui est el mont, se le puis prendre,
« Que ne le face ardoir u pendre. »
Tot parlant sont laiens venu
3650 Au lit qui en la chambre fu.
Soslevé ont le cincelier,
Voient les dras et l'orillier;
Mais quant n'i truevent la meschine,
Autresi fait Alixandrine
3655 Com de l'afaire riens ne sace.
De la paor ne set que face,
Tant redoute l'empereor.
« Diex! » fait ele, « par ta douçor,
« Ou est ma damoisele alee,
3660 « Quant nos ne l'avons ci trouvee?
« Encor le cuidoie dormant
« Por ce qu'anuit ot veillié tant
« Qu'il fut près de l'ajornement
« Qu'ele par son fier mautalent
3665 « M'enchaça de sa chambre fors.
« Mais Diex set bien cui est li tors :
« Por bien li dis ce que j'en seu   (b)
« Et por son los et por son preu,
« Mais onques riens n'en volt entendre.
3670 « Qui li oist vers moi contendre
« Et laidoier de sa parole,
« Com me tenoit a garce fole !
« A poi que ne me couroit sus.
« Sire, » fait ele, « or n'i a plus;
3675 « Mais pensés tost de l'envoier
« Jusqu'a l'ostel du chevalier.
« Se il i est, n'est pas ta fille
« Issue fors de ceste ville;
« Et s'il n'i est, ensamble sont
3680 « En la cité, ou il s'en vont. »

3661 Encore — 3669 valt — 3678 vile

L'empereres est mult maris;
L'eve li sort aval le vis,
Qui par la face li degoute.
Cerquier a fait la vile toute,
3685 Mais il n'en puet novele oir.
De rage cuide enfin morir,
A poi que li cuers ne li font;
Sovent li cort l'eve del front
Qui li degoute aval la face.
3690 De sa honte ne set que face,
Bien set ne puet estre celee.
Tost fu la chose espaelee :
Ja sevent tuit c'o le vassal
S'en va la bele paringal;
3695 Et quant la chose fu seue,
A grant merveille l'ont tenue.
Tost ont la grant feste laissie (c)
Qui par la vile ert comencie,
Les karoles, les esbanois.
3700 Li empereres des Grijois
De honte iriés, mas et confus
A son ostel s'en est venus,
Ses fix et si autre baron;
Descendu sont tuit li Grifon.
3705 Li rois de Roume fu montés,
O lui trente de ses privés;
Au roi des Griex vient, se li conte
Son grant anui et sa grant honte.
A lui se claime del meffait
3710 Que si grant a sa fille fait,
Et del vallet qu'avoit norri
Qui a tel honte l'a bailli :
« Si m'en conseilliés, biau signor,
« Por Dieu, de ceste deshonor. »
3715 Dist l'emperere : « Or est ensi.
« Si faites par tout faire un cri

« Que tuit viegnent de près, de loing.
« Qui remandra a cest besoing,
« Il et si oir chiee en servage.
3720 « Mandés par tout vostre barnage
« Qu'il n'i ait nul qui i remaingne,
« Qui a tot son pooir n'i viengne.
« Avirouner faites la terre:
« Faites par tout cerquier et querre
3725 « Tant que Guillaumes soit atains.
« Et de ce soit chascuns certains,
« Quil trovera, tant li donrés
« Qu'a tos jors iert riches clamés.   (d)
« Et faites garder les passages,
3730 « Les pors de mer et les rivages,
« Tos les destrois et les destors,
« Chastiax, cités, viles et bors ;
« Si faites bien garder le regne,
« Que il n'i past home ne feme
3735 « C'on ne sache son convenant,
« Ains c'on le laist passer avant.
« Et jou sejornerai ançois
« Ou trois semaines ou un mois
« Que ne sache que porra estre.
3740 « Mais par celui qui me fist nestre,
« Se il estoit chose seure
« C'on m'eust fait par aventure
« Ceste chose par malvillance,
« Mar ariés en moi fiance,
3745 « Que tant comme vos vivrés mais
« Ne vos charroit del col cis fais. »
Mais tant li dist a la parsoume
Nathaniax, li rois de Roume,
Que bien l'en a creu li sire.
3750 Tout si comme avés oi dire,

3722 viegne — 3725 *manque* — 3741 par aventure — 3748 Nathanaix

Est de partout la gent venue.
Ainc si grant ost ne fu veue;
En mil parties se sevrerent,
Tote la terre avirounerent,
3755 Le pais ont tot acuelli.
S'or ne le fet par sa merci
Li sauveres de tot le mont,
Li dui amant garant n'aront   (f° 108)
Ne soient pris, car cil les chacent
3760 Qui mult les heent et manacent
Et de la mort les asseurent :
Se il sont pris, mar s'i esmurent.
Or les gart Diex de cest peril!
Mien escient si fera il,
3765 Car li garox pas nes oublie,
Ains lor garist sovent lor vie;
Car quant li questor aprochoient
La ou li dui amant estoient
A tout lor chiens, li leus sailloit;
3770 En aventure se metoit
Por eus garandir et deffendre.
Tant les faisoit a lui entendre
Que tos les avoit desvoiés
Des jovinceus et eslongiés;
3775 Puis n'avoient garde le jor.
Sovent ont de la mort paor.

Ensi la beste les enmaine
A grant travail et o grant paine
Et garde de lor anemis
3780 Que il nes ont perçus ne pris.
Mainte perilleuse jornee
En a soufferte et enduree.
Ainc ne finerent tot le mois
Lombart, Roumain et li Grijois :

3751 les gens — 3772 Tos — 3774 Les iouinceus — 3776 paour

3785 N'i ont laissié ne bar ne plaingne,
Haie, valee ne montaingne,
Chastel, ne vile ne cité
N'aient par tot quis et esté ; (b)
Mais ne porent oir novele
3790 Du vassal ne de la pucele.
A grant merveille l'ont tenue ;
Et quant la chose fu seue
Des deus blans ors qui eschaperent,
Si comme li Grijois conterent,
3795 A icel soir meismement,
Dont disent tot communement
Que c'est la bele et li vassaus
Qui encousu s'en vont es piaus.
Et par ce l'ont enfin creu
3800 C'adont quant ce fu avenu
Du vassal et de la meschine,
Disent li keu de la quisine
C'on lor avoit deus piax emblees
De deus blans ors grandes et lees.

3805 Quant la chose est ainsi seue
Et li signor l'ont entendue,
De rechief font tote la terre
Avirouner, cerquier et querre,
Forès et plains et desrubans
3810 Et de rechief faire lor bans :
Cil qui ces ors lor porra prendre
Tel gueredon em puet atendre,
Jamais n'iert povres en sa vie :
Ensi fu la chose banie.
3815 Avirouné ont le pais
Et ont par tot cerquié et quis ;
Mais en vain sont traveillié tuit,
Car li garox a tant conduit (c)

3786 montaigne — 3798 piax — 3799 l' manque — 3816 pris

Les deus amans par son effors
3820 Que d'aus sont ore eschapé fors.

Quant voient li empereor
Qu'en vain travaillent chascun jor,
A tant laissierent la folie.
Tote lor gent ont departie ;
3825 Au roi de Roume congié prendent,
Ens en lor terres tost se rendent.
Mais mult li a priié ançois
Li emperere des Grijois
Que bien face par tout garder
3830 Destrois, passages, pors de mer,
Tot si com sa poissance dure.
Et se chose ert par aventure
Que pris fuissent li souduiant,
« Vostre merci, faites moi tant
3835 « En guerredon et en service
« Qu'après moi por faire justice
« En Gresse le m'envoissiés.
« De vostre fille feissiés
« Vostre plaisir ; se lui avoie,
3840 « Jamais plus rien ne vos querroie. »
Et l'emperere li otrie,
Et mult l'asseure et affie
Que tot en fera son plaisir,
S'il les puet prendre ne tenir.
3845 Baisié se sont et congié prendent ;
De totes pars salus se rendent.
Nathaniax, o lui si home
S'en repairierent droit a Rome ;   (d)
Et li signor par cortoisie,
3850 O lor grijoise compaignie,

3819 lor — 3820 est ore — 3826 sen reperent — 3827 *et* 3828 *sont intervertis dans le manuscrit* — 3848 roume

Tant chevauchierent et errerent
Desor les muls qui tost amblerent
Qu'en Gresse sont droit repairié.
Mult se sont tuit esmerveillié
3855 Tot environ de par le raine
Comment lor damoisiax n'amaine
Sa moillier c'avoit afiee;
Mais la chose lor fu contee
Tot si comme ele ert avenue.
3860 A grant merveille l'ont tenue;
Mult ont la parole menee.
Après lonc tans, par la contree
Soventes fois conseil prenoient
Se ceste honte esclaireroient,
3865 Mais ne consent Patrichidus
Que de la chose facent plus.
Por ce remest a cele fois
Que plus n'en fisent li Grijois.

D'aus le voel ore atant laissier :
3870 A Guillaume voel repairier
Et au garoul qui les en guie
A grant travail, lui et s'amie.
Tot droit vers Puille les en maine
Por ce que soie estoit demaine.
3875 Sovent en sueffre grans ahans,
Peril et mal et paors grans.
Tant ont erré et nuis et jors
Si encousu es deus piax d'ors   (f° 109)
Que Lombardie trespasserent;
3880 En la marce de Puille entrerent.
Par un matin ont esgardé,
Voient les tors d'une cité,
Les fermetés et les muraus,
Les aigles et les cercles haus,
3885 Les eves et les pescheries;

3878 ,II. — 3881 ,I. — 3885 et *manque*

Mais les forest lor sont faillies,
N'i voient se champaigne non.
Bounivens ot la cités non,
Si estoit l'apostoile lige,
3890 Fors que la souvraine justice
En estoit à l'empereor.
En crieme sont et en paor
Por le jor qui si lor esclaire;
Ne sevent ou a garant traire
3895 Ou puissent jusqu'a la nuit estre.
Regardé ont lés un grant tertre;
Jouste le mont, a la costiere
Voient le blanc d'une quarriere :
Ambedui cele part s'en vont,
3900 Mais tart lor est que ja n'i sont
Por le jor qui ja ert si grans,
Et il estoient as plains chans,
Si ont dotance c'on nes voie ;
Por ce esploitent tant lor voie
3905 Que venu sont a la quarriere
Qui mult estoit grans et pleniere.
Mainte grant gove i ot dedens
Que faite i avoient les gens *(b)*
Qui 'n avoient la pierre traite.
3910 Une en i ot novele faite,
Et prendoient tot de nouvel
Cil de la vile le quarrel.
En une viés dalés celi
Se sont li dui amant tapi ;
3915 Mais por tot l'or qui onques fu
Ne s'i fuissent il embatu
S'il seussent l'encombrement
Qui ja lor iert si en present,
Que se nel fait li rois del mont,
3920 Jamais de laiens n'isteront.
Traveillié furent et lassé,
Car cele nuit ont plus erré

Que nule nuit n'avoient fait.
Ne vos ferai mie lonc plait,
3925 Endormi sont li jouvincel.
Se cil qui le pule Israhel
Sauva nel fait par sa douçor,
Ja ne verront prime de jor
Ne soient mort ou afolé,
3930 Car venu sont de la cité
Li ouvrier, por la pierre traire :
Ens sont entré por oevre faire.
En la viés gove ou cil dormoient;
De lor harnas mis i avoient.
3935 Cele part vont, mais les ors virent
A grant merveille s'esbahirent;
Isnelement sont trait arriere
Et issu fors de la quarriere;   (c)
Lor compaignons ont apelés :
3940 « Signor, » font il, « trés bien savés
« Que nostre emperere, no sire
« A fait le mant par son empire
« Des deus blans ors, qui les trovroit
« Que jamais povres ne seroit,
3945 « Tant l'en donroit en guerredon.
« Or soions tuit bon compaignon
« Et parçounier par boune foi.
« En cele gove sont andoi
« Li ors dont vos m'oés parler.
3950 « La se gisent lés un piler,
« Si se dorment, si com moi samble.
« Or del garder bien tuit ensamble,
« Fors un qui voist a Bonivent
« Por le prevost et por la gent. »
3955 Il remainent et cil s'en va.
Onques de corre ne fina,
Si est venus a la cité.
Tant a le prevost demandé
Qu'il li a dites les noveles

3960 Qui mult li sont plaisans et beles.
« Dis me tu voir, » dist li prevos,
« Que la sont dont li ors repos
« Que l'emperere a tant fait querre
« Par le pais et par la terre ?
3965 — Oïl, sire, voirs est par foi.
« S'en la gove ne sont andoi,
« Ambedex les ex me crevés.
« Mi compaignon i sont remés (d)
« Por aus garder. Venés vos ent,
3970 « S'amenés tote vostre gent,
« Qu'il ne vos puissent eschaper. »
Donques a fait son ban crier
Sor avoir, sor piés et sor cors
Que tuit s'en issent armé fors.

3975 Lors veissiés vile estormir.
La gent armer et fervestir
Et issir mainte communal
Et cex a pié et a cheval.
Li prevos avoit un sien fis
3980 Jovenet et bel com flors de lis,
Et plus que nule riens l'amoit.
Li damoisiax douse ans avoit.
Ensamble avecques lui l'enmaine.
Se il seust le mortel paine
3985 Qui l'en avint si en present,
Por tot l'avoir de Bonivent
Ne l'i eust il pas mené.
Tant ont chevauchié et erré
Qu'a la quarriere sont venu;
3990 Tuit environ sont descendu.

La damoisele ert esveillie :
Mult fu lassee et traveillie,

3977 maintre — 3979 .I. — 3982 .XII.

C'un songe avoit songié estrange
Dont tos li cuers li mue et cange
3995 Et li cors li tramble et fremist.
Guillaume esveille et si li dist :
« Sire, por Dieu, que porrons faire ?
« Si ai d'un songe grant contraire (f° 110)
« Que tos li cors me tramble et font.
4000 — Ne doutés, bele, » cil respont,
« Si ne soiés en tel doutance.
— Si sui. — Por coi ? — Car mescheance.
« Crien et redout, biax dous amis ;
« Car en dormant m'ert ore avis
4005 « Que ci nos venoient mengier
« Ors et lupart et sengler fier
« Que uns lyons i amenoit
« Qui un seul lyoncel avoit.
« Chaiens venoient por nos prendre :
4010 « Ne nos poiens vers aus deffendre.
« Quant sor destre me regardoie,
« Si me sambloit que je veoie
« Venir et traire ceste part
« Nostre beste que Jhesus gart.
4015 « Trés parmi toute l'assamblee
« Venoit fendant, goule baee,
« Desci au lyoncel sans faille.
« Maugré toute l'autre bestaille
« L'emportoit en travers sa goule ;
4020 « Puis n'i avoit beste une soule
« Qui lui osast aconsuir.
« Et quant il vit la gent venir,
« Son pas fait croistre et efforcier. »
Adont n'i ot que courecier :
4025 Oient les fraintes des chevax
Et voient armés les vassax
Qui s'aprestent d'entrer laiens.

3996 si *manque* — 4008 .I. — 4013 cest

A poi n'issoient de lor sens;   (b)
Des ex plorent andui mult fort,
4030 Car grant paor ont de la mort.

Dist Guillaumes : « Suer, douce amie,
« Flors de biauté, rose espanie,
« A quel meschief, a quel dolor
« Departirons hui en cest jor !
4035 « Ahi ! envie, male chose,
« Tu ne cesses ne ne reposes,
« Que de nului n'es merciable !
« Ahi ! fortune decevable,
« Comme est fox qui en toi se croit !
4040 « Par quel raison ne par quel droit
« As tu de nostre joie envie ?
« Se je en menoie m'amie,
« Nel faisoie por ma folor
« Ne por li metre a deshonor,
4045 « Ne mais por li prendre a moillier,
« Por m'ounor croistre et essaucier.
« A Dieu m'en plaing, n'en puis plus fere :
« Mais par celui qui fist la terre,
« La mer, les eves et les vens,
4050 « Se j'avoie mes garnemens,
« Cheval, escu, espee et lance,
« Par tans verroient ma puissance,
« Saroient au commencier l'uevre
« Quel beste ceste piax acuevre.
4055 « Ançois que fuisse mors ne pris,
« En i auroit deus cens d'ocis.
« Mais ensi est, ne puet autre estre.
« Or en conviegne au roi celestre   (c)
« Qui tot a son plaisir en face.
4060 « Suer, douce amie, tendre face,
« Car vos metés de la pel fors
« Et vos metés em pur le cors,

4056 .II.c.

« Ou ja serés, je cuit, ocise ;
« Por moi serés tost entreprise.
4065 « Se je i muir, bien l'ai forfait,
« Mais vos, amie, s'il vos plait,
« Se vos connoissent, n'arés garde.
— Amis, la male flambe m'arde,
« Se je sans vos i voel garir.
4070 « Comment porroit mes cueurs souffrir
« C'on ferist sor vostre char nue ? »
Atant est pasmee cheue.
Cil le reçoit entre sa brace,
Cui l'eve cort aval la face.

4075   Endementiers qu'ensi estoient
Et que laiens entrer voloient
Par le commant à la justise
Qui por eus prendre les atise
Et semont forment et efforce,
4080 A tant es vos parmi la roce
Le garoul la goule baee.
Trés parmi outre l'assamblee
Va le fil au prevost aerdre,
Mix velt l'ame de son cors perdre
4085 C'as deus amans secors ne face.
L'enfant travers sa geule en harce ;
A tot s'en vait, plus n'i arreste,
Et quant li prevos voit la beste   (d)
Qui son petit fil emportoit,
4090 Sa gent escrie a grant esploit :
« Fil a baron, montés, montés,
« Or i parra quel le ferés :
« Voiant vos tos et voiant mi
« En a cis leus mon fil ravi.
4095 « Veés le la, or del secorre. »
Dont laissent tuit après lui corre.

4066 plaist — 4080 roche — 4085 .II.

Cil a cheval furent monté
Et cil a pié sont arrouté
Après la beste qui s'enfuit.
4100 Nus n'i remaint n'i voisent tuit.
Tuit ont gerpie la quarriere
Por enchaucier la beste fiere
Qui le petit enfant emporte
Qui de paor se desconforte
4105 Et brait et crie mult souvent ;
Et neporquant nul mal ne sent
De riens que la beste li face.
Après la beste est grans la chace ;
Li leus s'en va auques fuiant,
4110 Et cil le vont après sivant.
Quant d'eus est près, puis les esloigne ;
Mult set bien faire sa besoigne.
Et puis vers ceus a pié repaire,
Mais n'i voelent lancier ne traire,
4115 Car l'enfant doutent a blecier.
Ensi por la gent eslongier
Des deus amans le fait la beste :
Sovente fois vers eus s'arreste.   (f° 111)

Li dui amant ont entendu
4120 La noise, le cri et le hu.
La noise entendent et le cri
Del leu qui a l'enfant ravi
Et que les gens totes i courent,
Dieu en grassient et aourent,
4125 Qui a cel besoing lor aie.
Dist Guillaumes : « Suer, douce amie,
« Fu ainc mais tel chose veue,
« Quant Diex par une beste mue
« Nos fait a tel besoing secours?
4130 « Sire, ou qu'il soit, par tes douçours,

4111 eslonge — 4117 .II.

« Hui, se toi plaist, son cors deffent
« Que il n'ait mal n'encombrement ;
« Car s'il ne fust et Diex avant,
« Ja n'eussons de mort garant. »
4135 Cele respont : « N'est pas mençoigne.
« Hui est por nos en tel besoigne,
« En tel barat et en tel trape
« Que merveille est s'il en escape.
« Et Diex, par le son chier plaisir,
4140 « Il le gart d'eus et puist garir.
— Bele », fait il, « or n'i a plus.
« Li souverains rois de lassus,
« Il nos gart d'eus par sa merci.
« Ne poons or plus estre ci ;
4145 « Alons nos ent. » Issu en sont ;
Gardent aval, gardent amont,
N'i choisissent home ne feme.
Tot voient vuit et soul le regne, *(b)*
C'après l'enfant sont tuit alé
4150 Cil de la vile et du regné,
Qu'enportoit por lor delivrance
En sa goule la beste france.

De loins escoutent la criee
Que les gens font par la contree,
4155 Le bruit, la noise et le tempeste
Que demainent après la beste :
Andui prient que Diex le gart.
Par lor conseil, par lor esgart
Se descousirent de lor piaus ;
4160 Si demourerent es bliaus
Que des piax orent lais et tains.
Atant s'en vont, ne pueent ains ;
Mais lor piax n'oublierent pas,
Ains les portoient en lor bras.

4139 le *manque* — 4152 franche

4165 Isnelement tienent lor voie
Li dui amant a mult grant joie,
Qu'ensi estoient eschapé.
Amont sor destre ont regardé,
Bien a deus lieues et demie,
4170 Ont une grant forest choisie.
Cele part vont, mais mult doutoient
Qu'aperceu ne pris ne soient ;
Au mix qu'il porent se garderent.
Tant esploitierent et errerent
4175 Qu'en la forest en sont venu
Que ne furent aperceu.
Tant ont le jor erré a route
Que noune fu passée toute ; (c)
Mult fu la bele traveillie :
4180 En l'espoisse d'une fuellie
Se sont li jouvincel repos,
Car grant mestier ont de repos.

Endormi sont en la foillie :
Or est bien drois que je vos die
4185 Del leu garoul et de l'enfant,
De ceus qui vont après sivant,
Des chevaliers et des vassax
Qui l'enchaucent sor lor chevax.
Tant l'ont sui, tant l'ont chacié
4190 Que lor cheval sont estenchié :
Descendu sont, les chevax laissent ;
Communement a pié s'eslaissent
Que nus ne fait semblant de faindre.
La beste pensent a ataindre :
4195 Si l'enchaucent et sievent près,
Cuident que gaires ne voist mès,
Mais encore est de boine alaine :
Trestot le jor ensi les maine,
Tant que solaus se dut couchier

4169 .II. — 4187 vassaus

4200 Et que il prist a anuitier.
La beste voit le jor faillir,
L'enfant ne quiert plus a tenir ;
Jus l'a mis si cortoisement
Que li enfes nul mal ne sent;
4205 Et puis des quatre piés s'afiche
Plus que chevrex ne cers ne biche,
De la gent plus que puet s'esloingne.
Bien a furnie sa besoigne ;
Ne fait semblant que point soit lasse :
4210 En poi d'ore a alé grant masse.

Quant cil voient jus mis l'enfant,
Cele part sont venu corant.
De la beste ne lor chaut mais ;
A l'enfant corent a eslais.
4215 Li peres i vint ains que nus :
Entre ses bras l'a drecié sus ;
Baise li la bouche et le vis,
Cuide mors soit u mal baillis,
Que jamais n'ait mestier de lui
4220 Ne soi meisme ne autrui.
Par tot le cors li met les mains ;
Mais tous estoit et saus et sains.
Quant il n'i voit plaie ne sanc,
En brach, en cuisse ne en flanc,
4225 Mult s'esjoist de l'aventure.
Son enfant baise et asseure
Qui encore pas ne savoit
Se c'ert beste qui le tenoit.
Et quant il reconnut son pere
4230 Et vit la gent qui o lui ere,
Les bras li tent et si l'acole
Et joue et rit, a lui parole.
Et li prevos tel joie maine

4205 .IIII. — 4206 bisce — 4224 brahc

Que le travail tot et la paine
4235 Le desconfort et la dolour
C'ot por son fils eu le jour
A tot oublié por la joie.
Arriere se met a la voie ; (f° 112)
A mult grant joie s'en revont,
4240 Mais que mult las et pené sont.
Par le pais se herbergierent,
Au mix qu'ils porent s'aaisierent.

Cele nuit ont ensi passee
Jusc'au demain, a l'ajornee,
4245 Qu'il se resont acheminé ;
Tuit sont a lor ostel alé.
Li prevos nel mist en oubli.
Par la contree fait le cri :
Qui les deus ors li rendera
4250 Jamais jor povres ne sera,
Tant li donra de son avoir
L'empereres quis veut avoir.
Son ban i met ens par la terre,
Que tot viegnent ces deus ors querre

4255   D'aus me voel or a tant taisir ;
As jovinciax voel revenir
Qui se dorment en la foillie
Et au garoul qui nes oublie.
Cel soir que il l'enfant laissa
4260 Fist tant et quist et porchaça
C'as deus enfans est repairiés,
De vin, de viandes chargiés ;
Devant lor met et puis s'en fuit.
Petit ert jors et près de nuit :
4265 Esveillié sont li jovencel ;
De ce qu'il voient lor est bel.
Guillaumes prie jointes mains

4236 jor — 4249-4254-4361 .II.

Le roi du ciel qui est souvrains (b)
Que sa beste gart et porvoie.
4270 « Amen, sire, Diex vos en oie »,
Dist la fille l'empereor,
« Car ne vivriens sans lui un jor. »
Lors manguent, que fain avoient;
De ce qu'il ont bien se conroient.
4275 Quant ont assés mengié et but,
Isnelement d'iluec sont mut
Si com por lor voie tenir;
Mais la bele ne pot souffrir,
Car tant est lasse aler ne puet :
4280 Voelle ou non remanoir l'estuet.
Mult doucement Guillaume apele
Et il respont : « C'avés, suer bele ?
— Sire, ja ne puis je aler;
« Neis qui me devroit tuer,
4285 « N'iroie avant, tant sui lassee.
— Bele, ne soiés esgaree :
« Nos remanrons en la foillie
« Tant que soiés assouagie. »
Cele nuit remesent ensi;
4290 En la bruelle resont tapi
Tant que jors refu l'endemain.
A tant sont venu li vilain
Del pais et li faisselier
En la forest por gaaignier,
4295 Si comme adès faire soloient,
Car de si fait gaaing vivoient.
Endementiers que font lor fais,
Est entr'eus comenciés li plais (c)
De la chose c'orent veue,
4300 Tex merveille ne fu seue,
Del leu qui ot l'enfant porté,
Et comment cil de la cité
Et li baron et li signor

4272 .I. — 4298 plas

                L'avoient chacié toute jor,
4305   Et comme au vespre jus le mist
        Que mal ne plaie ne li fist.
        Fait li uns d'aus : « Mult i a plus :
        « Ainc tel merveille ne vit nus
        « Des deus blans ors ou tot s'esmurent ;
4310   « En la quarriere trové furent.
        « On dist pieça ceste novele
        « Que ce est nostre damoisele,
        « Fille l'empereor demaine,
        « Et uns chevaliers qui l'enmaine,
4315   « Qui en ces piax ensi s'en vont,
        « Por cui on banist et semont
        « Tote la gent de ceste terre
        « Que tot viegnent ces deus ors querre.
        « Car pleust Dieu, par sa merci,
4320   « Qu'il fussent ore ambedoi ci
        « En cel markais, sos cele foille !
        « Si m'eust cousté ma despoille,
        « Je le diroie a la justice :
        « Tant nos donroit qu'estrion rice. »
4325   Cil respondent : « Faisons nos fais :
        « Ne vivrons mie de souhais.
        « S'auques voloumes gaaigner,
        « El nos covient que souhaidier.   (d)
        « Diex lor ait et nos si face,
4330   « Car mainte plus cruel manace
        « Ont il eue et trespassee,
        « Puisqu'il murent de lor contree.
        « Alons nos ent, car trop i sommes. »
        Il ont chargié et fait lor sommes,
4335   Si se sont à la voie mis.
        Et cil qui bien les ont ois
        Se reconseillent d'autre part
        Par quel engien ne par quel art

4309 .II. — — 4318 .II. — 4324 riche — 4326 souhas — 4337 si

Porront des ore en avant faire
4340 C'on ne perçoive lor afaire.

A tant es vos parmi le bois
Une grant noise et un effrois
Dont grant paors a eus deus prent.
Mais nes estuet douter noient,
4345 Car c'est li leus qui nes oublie,
Qui une beste ot acuellie,
Un cerf mirabillous et grant :
Dusques a eus le va chaçant.
Devant les deus amans l'a pris ;
4350 Et quant il l'ot mort et ocis,
Si s'en reva grant aleure.
« Voiés, bele, quele aventure, »
Dist Guillaumes a la pucele,
« Voiés com nostre beste oisele.
4355 « S'encore une autel pel aviens,
« Nos piax lairiens, cestes penriens ;
« Si serions mix desconeu. »
La damoisele a respondu :   (f° 113)
« Voirs est, mais je ne puis veoir
4360 « Comment nos les puissons avoir. »

Endementiers qu'ensi parloient,
Estes vos que revenir voient
Le leu qui ot pris une ciere.
Par le caon del col derriere
4365 Le tient as dens et si le maine :
Devant cels por cui tant se paine
L'en amenoit en itel guise.
Devant le cerf le ra ocise,
Si s'en reva, plus n'i areste.
4370 Et dist Guillaumes : « Franche beste,
« As tu donques doute de moi ?

4342 et .I. — 4343 .II. — 4347 .I. — 4349 .II. — 4356 ces perriens — 4357 desconnu

« Ja ne puis je garir sans toi.
« Se Diex ne fust et li tiens cors,
« Pieça que fuisse ocis et mors.
4375 « Ne sai se as de moi doutance ;
« En toi est toute ma fiance.
« Bien pens et croi que entendés
« Et que raison et sens avés.
« Je ne sai que ce est de vous,
4380 « Que an nule riens ne fus lous......
— Si m'ait Diex au mien espoir,
« Que je cuit que vos diiés voir. »
Puis ont parlé diversement,
Tant que la nuis au jor se prent,
4385 Qui del soleil taut la veue :
A tant ont lor voie tenue.
La pucele est garie toute ; (b)
Bien puet seoir et tenir route ;
Entracolant se vont sovent ;
4390 Ne pueent mais douter noient.

Venu furent cil du pais
Et ont partout cerquié et quis.
Truevent les bestes escorcies
Et les piax d'ors qu'il ont laissies :
4395 Par ce sevent la verité,
Que ce ont il enfin esté.
Chascuns en est seurs et cers
Que es deus piax s'en vont en cers.
Nes osent gaires avant querre
4400 Por les guerriers et por la guerre
Qui exillie ont la contree,
Arse, destruite et degastee.
Retorné sont por cele doute ;
Et cil s'en vont adés lor route ;
4405 De ce sont mult asseuré
Que le pais ont tout passé.

Arsses les viles et les bours,
Les fortereces et les tours,
Tout voient agasti le regne.
4410 N'i a remés home ne feme
Qui n'aient tuit vuidié la terre
Por la doutance de la guerre.
Ne sevent en quel terre sont
Ne dont cil est qui les confont.
4415 Mais or oiés, ne vos poist mie,
Qui la terre avoit agastie :
Li rois d'Espaigne i ert ses cors
Et uns siens fix et lor effors. (c)
Comme avint, par quele achoison ?
4420 Oi avés del roi Embron
Qui tant par fu de grant vaillance
Et riches rois de grant puissance,
Qui tenoit Puille et le roiame.
Mors ert, Dix ait merci de s'ame !
4425 Une fille en ot la roine :
Florence avoit non la meschine ;
Mais ainc tant bele ne fu nee.
A ues son fil l'ot demandee
Li rois, mais en nule maniere,
4430 Por promesse ne por proiere,
Ne par force ne par pooir
Ne pot la demoiselle avoir.
Por ce son regne li escille
Qu'avoir ne puet li rois sa fille.
4435 La contree a toute escillie
Et la roine tant chacie
Qu'en Palerne l'avoit assise :
N'en tornera si l'ara prise,
Si comme il dit et a juré.
4440 Laiens estoit en la cité
La roine sovent dolente :
Sovent se plaint et se demente,

4417 il et — 4428 Auec

Car sa terre voit confondue
Ne nule part n'atent aiue,
4445 Qu'ele ot envoié a son pere
Por secors querre et a son frere
Que il li venissent aidier ;
Mais trop li pueent mais targier,   (d)
Car sovent crient cil de l'ost :
4450 « N'i garirés, rendés vos tost. »
Par la cité font plait del rendre,
Car se li rois les vousist prendre
Sauf lor avoir et sauf lor cors ;
Mais il ne voelent cil defors.
4455 Sovent le dient a la dame ;
Chascuns l'en chose mult et blame :
Que doit c'au roi ne fait son gré,
Ains qu'il destruie la cité,
N'ele soit prise ne il pris ?
4460 Car trop est fors et posteis.
Les lors voient afebloier,
Ceus de l'ost croistre et efforcier;
Vivres lor faut, petit en ont.
Et la roine lor respont :
4465 « Signor, tot estes mi lige home
« Et loial gent mult et preudome :
« Bien savés de voir li pluisor
« Que j'ai mandé l'empereor,
« Mes parens est, c'aider me viengne
4470 « Que nus essoines ne le tiengne
« Qu'il ne m'aist a cest besoing :
« Mais bien savés que mult est loing.
« Mes pere est, ne me doit faillir :
« Si vos estuet encor souffrir.
4475 « Se venir doit, par tans vendra,
« Ou de sa gent me trametra.
« Croire vos voel, croire vos doi.
« Alés en l'ost, dites le roi   (f° 114)

4455 souen — 4456 blasme — 4466 preudoume

« Se n'ai secors jusqu'a quinsaine,
4480 « La cité soit soie demaine.
« Aler m'en laist, sauve m'onor,
« A mon pere l'empereor,
« Et ma fille o moi ensement :
« Ja ne sera fait autrement.
4485 « La terre tiegne en sa baillie ;
« Ne trovera qui l'en desdie. »
Cil sont monté sans nul respit :
Vienent au roi, si li ont dit ;
Mais li rois jure ja n'iert fait,
4490 S'il n'a sa fille, por nul plait.
Li rois fu fiers et orgeillous ;
As messagers dist bien a tous :
« Signor, dites bien la roine,
« Se devers moi n'ai la meschine,
4495 « Ja ne sera fait autrement.
« Ne l'en celés vos ja noient. »

Cil s'en partent, pris ont congié ;
En la cité sont repairié,
A la roine ont raconté
4500 Si com li rois avoit parlé.
Quant la roine entent langage
Del roi que dient li message,
En sa chambre s'en rest entree
Forment dolante et esgaree.
4505 Dieu reclaime qu'il ne l'oublit,
Qu'il le consaut et li ait.
Sovent plore de la dolor
Qu'ele a del roi, son chier signor, (*b*)
Et son chier fil plaint et regrete
4510 Dont ele a or si grant souffrete ;
Ne set que faire a nesun fuer ;
Une orison dist de bon cuer :
« Diex, vrais peres, si voirement

4511 nul fuer

« Com vos par saint anoncement
4515 « Presistes incarnalité
« En la virge d'umilité,
« Qui en ses flans tant vos porta
« Qu'a droit terme s'en delivra,
« Et nasquistes a loi d'enfant,
4520 « Si com nos trovosmes lisant,
« De la sainte virge pucele
« Qui fu et ta mere et t'ancele,
« Et tu ses peres et ses fix,
« Si voirement, biau sire Dix,
4525 « Garde m'onor, deffent mon cors
« Contre mes anemis la fors.
— Amen, dame, » ce dist sa fille,
Cui l'eve chaude des iex file.
Ambedeus ploroient mult fort ;
4530 Mais s'or savoient le confort
Que Diex lor tramet et envoie,
Onques ne fu faite tex joie
Com feist la file et la mere,
L'une du fil, l'autre du frere ;
4535 Mais nel saront mie si tost.
Si le lairomes de cel ost
Qui la vile sovent assaillent
Et qui as murs hurtent et maillent, (c)
De la roine qui s'esmaie ;
4540 Or est bien drois que vos retraie
Du vassal et de la pucele :
Tant ont erré et cil et cele
A grant travail et a grant laste
Parmi la terre qui fu gaste
4545 De ça en la, a quelque paine,
Si comme fortune les maine,
Par la terre qui fu gastee
Ont tante voie trespassee,
Tant flueve grant, fier et rubeste,
4550 Par l'enseignement de lor beste

Et par l'aiue au roi Jhesu
Que en Sesile sont venu.
Mais or oés comment passoient
As flueves, quant il i venoient :
4555 Tant aloient lés le rivage
Qu'il trovoient ou nef u barge.
Puis se metoient el batel;
Li leus devant en un couplel
Devant traioit, et cil rimoient.
4560 Ensi les eves trespassoient.

Par un matin ont esgardé :
Voient la terre et le regné
Et voient la cité de Rise
Qui sor le Far estoit assise,
4565 Le port de mer et le navile
Qui arrivent desous la vile.
Mucié se sont en une croute
Jusqu'a la nuit c'on ne vit goute : (d)
A itant estes vos la beste.
4570 Samblant lor fait, cline sa teste,
C'après lui voisent, il si font :
Après la beste arrouté sont.
Sous Rise aval, sor le rivage
Truevent au Far une grant barge :
4575 De passer ert toute aprestee,
Mais que la lune fust levee.
Cil de la barge se dormoient,
Fors li maistre qui la estoient
Por lor besoigne en la cité.
4580 Et cil sont en la nef entré,
Mais si celeement le font
Que de nului perçut ne sont.
Li tans estoit noirs et la nuis.
En la nef avoit touniax vuis :
4585 Au mix qu'il porent s'i mucierent.
A tant li maistre repairierent,

Car la lune voloit lever
N'il n'i voelent plus demorer.
Lor compaignons ont esveilliés
4590 Et lor voiles amont sachiés.
Eskipé sont, en mer s'espaignent,
Les voiles enflent et empraignent
Du vent qui s'i fiert a plenté;
Tant ont nagié, tant ont siglé
4595 Parmi l'eve de mer salee
C'ançois que l'aube fust crevée
Desous Mesines ont pris port.
Mais grant paor ont de la mort   (f° 115)
Cil qui ens es toniax estoient,
4600 Car ne sevent comment il soient
Fors de la nef ne en quel guise.
Mais la beste qui s'estoit mise
Por aus delivrer en la barge,
Saut en la mer près del rivage.
4605 A no se prent, vers rive trait,
D'aler a terre samblant fait.
Cil de la nef trestuit fors saillent,
La beste ruent et assaillent,
Sovent le font en mer plungier,
4610 Prendre le quident et noier.
Por les deux jovenciax garir
Est en grant doute de morir,
En aventure a mis son cors
Por ceus geter de la mer fors;
4615 Ensi les maroniers demaine.
Tant l'ont chacié desor l'araine
D'une demie lieue grant
Furent en sus de lor chalant;
Et cil issent fors de la barge,
4620 Mais d'une chose font que sage :
De la viande c'ont trouvee

4591 en me — 4597 meisme — 4609 noier

Ont avec eus assés portee
Et de vin plain un barisel;
A tant gerpissent le vaissel
4625 Li dui amant, tienent lor voie.
Chascuns d'aus deus docement proie
Jhesu, le glorious celeste,
Que il soit garde de lor beste; (b)
Mais ja ert fors de mer issue.
4630 Ne savoient qu'est devenue
Li maronier : retorné sont;
Et cil a grant esploit s'en vont.

Tant ont erré parmi la terre
Qui fu gastée de la guerre
4635 Et mult estoit cruex et male,
Sainte Marie de la Sale
Em poi de tans ont trespassé,
Et Chefalus, une cité.
Lor chemin vont envers Palerne,
4640 Si com lor beste les gouverne.
Tant ont erré les murs en voient
Et les breteches qui verdoient,
Les haus clochiers et les berfrois,
Les riches sales as borgois,
4645 Les bretesches et les donjons,
Les enseignes et les penons
Dont li mur sont environé
Tot environ en la cité.
Bien samble vile deffensable
4650 Et por veoir mult delitable.
Le palais voient principal
Et sor le maistre tor roial
Ou li riches tresors estoit
L'aigle d'or fin qui reluisoit;
4655 Et voient l'ost le roi d'Espaigne
Qui couvre toute la champaigne.

4626 .II. — 4627 celestre

Tant i ot trés et paveillons
Et riches tentes as barons (c)
Que nus n'en set le nombre dire.
4660 Ainc nus ne vit si grand empire ;
Trois lieues dure contreval.
Voient le maistre tré roial
Lés un caisnoi, sor un toron,
Et l'aigle d'or qui siet en son.
4665 Onques ne fu si riche tente ;
Mais je n'i os metre m'entente
Au deviser ne au descrire,
Car trop i averoit a dire.
Voient la mer desos la vile,
4670 Le riche port et la navile ;
Un vergier voient sos la tor,
Clos et fermé de mur entor.
Ce fu li pars au roi Embron.
Mult i ot bestes a fuison,
4675 Mais cil de l'ost les orent prises
Et fort chacies et ocises,
Mult en ot poi remés el clos.
Le jor se sont ensi repos
Jusques a l'eure que nuis fu.
4680 Des repostiax sont fors issu,
Mais or ne sevent il que faire,
Ne ou aler, ne quel part traire,
Car mult redotent cels de l'ost
Qu'il nes encontrent assés tost.

4685   Endementiers qu'ensi estoient,
A tant lor beste venir voient.
Les jovenciax regarde arriere,
De li suivir a boine chiere, (d)
Et il si font tost, sans doutance,
4690 Car en lui ont si grant fiance
Que riens ne doutent puisqu'il l'ont.

4661 .III. — 4663 .I. ... .I. — 4671 .I. — 4688 seruir

Jusc'au vergier venu en sont
Et sont entré par une fraite
Que cil de l'ost i orent faite.
4695 Mult fu li vergiers biax et gens ;
Et quant il sont venu laiens
Ne voient mie lor conduit.
N'i a nul d'aus cui mult n'anuit
Et n'en ait pesance et contraire ·
4700 Mais por ce que ensi seut faire
Ne s'en esmaient il pas tant.
En un vaucel, un poi avant,
El brueroi, desous un pin
Se reposent jusc'au matin.
4705 La roine en sa chambre estoit
Dedens son lit et se dormoit,
Car mult ot cele nuit pensé
Et Dieu proié et reclamé
Por ceus de l'ost qui la destraignent
4710 Et qui ses murs percent et fraignent,
Qu'il n'aient force ne pooir
Que la cité puissent avoir ;
Mais si avront, ne garra mie,
S'el n'a prochainement aie.
4715 La roine s'est esveillie ;
Mult fu lassee et traveillie
D'une avision c'ot veue,
Dont la colors sovent li mue   (f° 116)
Et li sans li bout et formie,
4720 Car grant merveille senefie ;
Mais el ne set que ce puet estre.
Avis li ert que sor un tertre
Estoit alee a escari :
N'ot que sa fille jouste li.
4725 Entor li bestes cens milliers,
Ors et lupars et lyons fiers
Et autres de maintes manieres,

4702 .I. — 4703 .I. — 4722 .I. — 4725 .C.

        Geules baees, grans et fieres,
        Qui totes lor couroient sus :
4730   Mortes fuissent, n'i eust plus,
        Quant uns blans leus et dui blanc ors
        Li venoient faire secors.
        Et quant de li près venu erent,
        Li ors dui cerf li resamblerent,
4735   Et ont portrait es chiés devant
        Chascuns l'image d'un enfant,
        Et sor lor chiés corones d'or
        Qui valoient un grant tresor.
        Cele que li grans cers portoit
4740   Son chier enfant li resambloit
        Que tel pieça avoit perdu ;
        Et cele qui en l'autre fu
        Ert en samblance de pucele,
        Et mult estoit plaisans et bele.
4745   Cele remest o la roine
        Et li garox o la meschine.
        Li cers es bestes se feroit,
        Tot son plaisir d'eles faisoit.   (*b*)
        Les plus maistres et les plus fors
4750   Prendoit par force par son cors.
        Un fier lupart et un lyon
        Li amenoit en sa maison.
        Puisque ces deus orent perdues,
        Si sont les autres esperdues,
4755   En fuies sont toutes tornees.
        Par montaignes et par valees
        S'en fuient toutes a un trait :
        Ne set quel part chascune vait.

        Quant de ces bestes fu garie
4760   Et del peril ou fust perie,
        Ne fust li cers et sa poissance,

4738 .I. — 4751 .I., et .l. — 4753 .II. — 4757 .I.

Dont li revint une samblance,
Une merveille fiere et grant,
Tele n'oi nus hom vivant :
4765 Que sor la tor estoit montee
Por esgarder par la contree ;
Andoi si brac tant li croissoient
Et tant en loing li ataingnoient
C'as murs de Roume ert sa main destre
4770 Et sor Espaigne la senestre :
A son voloir ierent li regne ;
Nen ert encontre home ne feme.
Mais or d'icele avisión
Est la roine en tel friçon
4775 Qu'ele ne set que devenir.
O plors, o larmes, o souspir
Mult reclaime le creatour
Qu'il le consaut par sa douçour.   (c)
Puis s'est la roine levee ;
4780 Isnelement s'est atornee,
Puis est entree en la chapele.
Un chapelain a li apele.
Moisans avoit a non li prestres
Qui fu bons clers et sages mestres :
4785 Des ars fu bien endoctrinés,
Maistres des ars et de decrés,
Religiex mult et preudom.
La dame l'a mis a raison :
« Biau maistres, por Dieu que ferai ?
4790 « Conseilliés moi, mestier en ai,
« D'une merveille fiere et grant
« C'anuit me vint en mon dormant
« Dont je sui mult en grant friçon. »
Lors li conte s'avision
4795 Tot si comme ele l'ot veue.
Bien l'a li maistres entendue ;

4773 or *manque* — 4774 ert — 4778 doucor — 4782 .i. — 4783 Oisiaus

　　　　　　Del respondre n'est pas hastis.
　　　　　　Maintenant a un livre pris
　　　　　　Et voit del songe la samblance
4800　　　Et tote la senefiance,
　　　　　　S'a la roine regardee :
　　　　　　« Dame, » fait il, « buer fustes nee :
　　　　　　« Ne vos a pas mis en oubli
　　　　　　« Cil qui le mont a establi,
4805　　　« Ains averés par tans aie.
　　　　　　« Dame, or oiés que senefie :
　　　　　　« De ce qu'estiés sor le montaigne,
　　　　　　« Entor vos tante beste estraigne　　　(d)
　　　　　　« Qui devourer voudront ton cors,
4810　　　« Ce sont cil Chastelain la fors
　　　　　　« Qui nuit et jor chaiens t'assaillent,
　　　　　　« Et por ta fille se travaillent
　　　　　　« Que par force voelent avoir;
　　　　　　« Mais ja n'en aront le pooir.
4815　　　« Et ce c'uns leus et dui blanc ors
　　　　　　« Te venoient faire secors,
　　　　　　« Et quant plus près de toi estoient,
　　　　　　« Li ors dui cerf te resambloient
　　　　　　« Et chascuns en son front devant
4820　　　« Portoit l'ymage d'un enfant,
　　　　　　« Chascuns el chief une corone
　　　　　　« Qui mult estoit et bele et bone,
　　　　　　« Dame, ce sont dui chevalier
　　　　　　« Puissant et corajous et fier.
4825　　　« Avec eus vient une pucele
　　　　　　« Qui mult par est et gente et bele.
　　　　　　« Li cers qui en son front devant
　　　　　　« Portoit l'ymage d'un enfant
　　　　　　« Qui ton cher fil te resambloit
4830　　　« Et des bestes te delivroit
　　　　　　« Et le lupart et le lyon
　　　　　　« Vos amenoit en vo prison,

4798 .1. — 4808 estraingne — 4832 amainent

« Bien en sai le senefiance :
« C'est uns vassaus de grant puissance
4835 « Qui te delivrera ta terre
« Et fera pais de ceste guerre,
« Et par force le roi prendra,
« En ta prison le te rendra, (f°117)
« Le plus maistre de l'ost o lui;
4840 « En ta merci seront andui.
« Ne sai se il t'avra a feme,
« Mais rois sera de tot cest regne.
« Li leus qui venoit avec aus,
« Dame, ce est uns des vassaus ;
4845 « Uns chevaliers iert, sans doutance,
« Qui toute ceste malvellance
« Metra a fin par son esgart,
« Et le lyon et le lupart
« Te liverra, si com je cuit,
4850 « Et que serés bon ami tuit.
« Et par celui novele orras
« De ton cher fil que perdu as.
« Ton fil avras a mult cort terme
« Dont as ploree tante lerme ;
4855 « Mais de Roume prendra tel feme
« Dont grant partie avra del regne.
« A son voloir iert tote Roume,
« La povre gent et li riche houme.
« Par lui aras grant signorie
4860 « En la terre de Lombardie ;
« Il en sera et sire et mestre:
« Ce senefie ton bras destre
« Que tu desor Roume tenoies ;
« Et le senestre que avoies
4865 « Sor Espaigne tendu et mis,
« Dame, si com moi est avis,
« Li fix le roi ta fille ara :
« Saces de voir, ja n'i faudra, (*b*)

4847 matra — 4857 home

« Par ton fil li sera dounee.
4870 « Dame iert de toute la contree;
« La recorra ta signorie.
« Or as t'avision oie :
« Sachiés, por voir, ensi iert il. »
Quant la roine ot de son fil
4875 Dire le maistre qu'il repaire,
Tant est lie ne set que faire;
Mais d'autre part ra grant doutance
Que ne perde par mescheance.
Joie et paor a tot ensamble;
4880 De joie rit, de paor tramble,
Car en mult grant doute est sans faille
Que par aucun pechié n'i faille.
Messe a fait dire maintenant,
Et proie maistre Moysant
4885 Que por li proit le creator
Qu'il le regart par sa douçor.
Et quant la messe fu fenie
Et la roine l'ot oie,
De la chapele en est issue.
4890 En sa chambre s'en est venue :
Asise est sor une fenestre,
Si s'acline sor sa main destre,
A s'aventure va pensant
Et deproie le roiamant
4895 Que par sa pitié le regart.
Aval regarde par le gart
Et a veu les jovinciax
Qui encousu erent es piax. (c)
Dalés un bus de coudre estoient;
4900 Iluec ensamble se dormoient
Sos un lorier, en un prael;
A merveilles i faisoit bel.
Por le biau lieu i sont venu,
Car n'i ont pas le soir geu.

4880 De j. plore — 4899 .I. — 4901 .I., .I.

4905 Iluec se gisent teste a teste ;
Grant joie mainent et grant feste,
Car nule riens ne lor soffraint
C'on ne lor aport ou amaint.

Guillaumes est avec sa drue
4910 Sor l'erbe verde, fresche et drue,
Iluec ensamble s'esbanient,
Jouent et parolent et rient
Et devisent de lor afaire,
Comment a chief en porront traire,
4915 Se plus es piax se mantenront.
Mais en la fin devisé ont
Que ja des piax n'isteront fors ;
Ja ne descoverront lor cors,
Se de lor beste n'ont congié ;
4920 De ce se sont entrafichié.
Guillaumes dist soventes fois :
« Glorioux sire, pere rois,
« Suer douce amie, que ferons ?
« Com me samble li termes lons
4925 « Que je ne vi vostre cler vis !
— Ne je le vostre, dous amis »,
La damoisele a respondu.
« Pleust a Dieu et sa vertu », (d)
Ce dist Guillaume a la meschine,
4930 « Que ci o nous fust la roine
« Et nos portast en boine foi,
« Suer douce amie, vos et moi,
« Et me vousist por li aidier
« Doner et armes et destrier.
4935 « Se de vos ere a seurtance,
« Par le signor en cui samblance
« Nos somes fait et figuré,
« Tel home averoit encontré
« Que tote la deliverroie
4940 « De la gent qui si le guerroie ;

« Mais ja n'en savera nouvele.
— Ne sai dire, » dist la pucele,
« Mais bien voudroie qu'il pleust
« Le roi del monde qu'ensi fust. »
4945 La roine de la fenestre
Aval regarde et voit lor estre,
Et voit qu'ensamble s'esbanient;
Mais ne set pas ce que il dient.
S'el le seust, dont alast bien;
4950 Mais ele n'en set nule rien.
En eus regarder met s'entente,
Car mult li plaist et atalente
Et de ce mult s'esmerveilloit
Que tel samblant d'amor i voit.
4955 Sovent a soi meisme a dit
C'onques mais deus bestes ne vit
Qui l'une l'autre eust si chiere
Com a cil cers et cele chiere.   (f° 118)
« Ne ne furent dui bestes mues,
4960 « Ki se geussent estendues
« Comme ele font, bien le puis dire.
« Diex », fait ele, « gloriex sire,
« Conseille moi par ta merci
« De ces bestes que je voi ci
4965 « Qui la demainent lor deduit.
« Il samble bien, et je le cuit,
« C'andoi aient sens et raison. »
Sovient li de s'avision,
Si com la nuit l'avoit veue.
4970 As bestes est si entendue
C'onques le jor desci au soir
Ne le pot on d'iluec mouvoir;
Et quant li jors prist a falir
Que mais ne pot les cers veir,
4975 En son palais est repairie
Entre sa gent et sa maisnie.

4956 .II. — 4959 .II. — 4960 Si se

Apareilliés fu li mengiers;
Puis fait seoir les chevaliers,
De renc en renc, aval ces tables,
4980 Les serjans et les connestables
Qui deffendoient la cité.
Assés en orent a plenté,
Comme gent en chastel assise;
Ne vos voel faire autre devise.
4985 Et quant les napes traites sont,
En pluisors lieus assamblé sont
Li chevalier par le palais.
Entr'eus est commenciés li plais (b)
De cex de l'ost qui si les mainent
4990 Et si les travaillent et painent :
Ja sont li mur fendu et frait
Et li fossé empli d'atrait,
Si ont tot ars lor hourdeis,
Barres et lices et palis.
4995 Si assambloient chascun jor,
Et si les grevoient li lor
Que merveille est qu'il ne se rendent;
Que s'il par force ne les prendent,
Si feront il, tos les prendront.
5000 Li autre dient non feront,
Ja nes prendront si faitement
C'ançois n'i ait tant de lor gent
Morte et ocise et confondue,
Ains que la cités soit rendue;
5005 Et ce n'iert se merveille non.
« Or i parra », font li baron;
« Or verra on les bons vassax
« Et connistra les bons des max;
« Verrons cui on devra amer
5010 « Et cui proisier et cui blasmer.
« Au grant besoing, ce est la somme,

4993 Sil — 5008 maus

« Doit on connoistre le preudomme.
« Or n'i a plus que del bien faire. »
Ceste parole fist tex taire
5015 Qui plus chier eussent le rendre
Que la cité ne aus deffendre.
La roine oi le content;
Drecie s'est el pavement. (c)
Gent ot le cors et le visage,
5020 Bien sot parler, car mult fu sage;
Les barons a a raison mis :
« Signor », fait ele, « ce m'est vis
« Dès que ensamble sont tex gens
« Comme entre vos estes çaiens,
5025 « Isi joule ne si aidable,
« Si hardi ne si denfensable,
« N'i devroit on parole oir
« Qui a nul mal nos puist tenir.
« Por ce si vos proi, biau signor,
5030 « Chascuns i gart de vos s'ounor;
« Ne me loés dont aie honte
« En cort a roi n'en cort a conte.
« Mult par estes gente maisnie;
« Gardés, por Dieu, que on ne die
5035 « Que me soiés a tort falu,
« Ne par deffaute aie perdu,
« Car trop feriés grant mesproison.
« Mi home estes et mi baron;
« Si me devés toudis aidier.
5040 « Feme sui, ne sai guerroier,
« Çaindre espee, hauberc vestir,
« Estor ne guerre maintenir.
« Mais vos qui estes, biau signor,
« Gens norrie de tel labor,
5045 « Le faites si com vos devés.
« Tot ferai quanques loerés,

5022 auis — 5023 a quil ensemble — 5025 aidaule

« Soit del tenir ou soit del rendre.
« Mais qui tant s'i porroit deffendre (d)
« C'aucune aide nos venist,
5050 « Par le signor qui le mont fist,
« Tant vos donroie largement
« Terres, honors, or et argent
« Que ne seriés povre jamais. »
Tuit s'escrient par le palais :
5055 « Roine france, deboinaire,
« Ains nos lairions tuit detraire
« Fors de çaiens, ce saciés bien,
« Que vos i perdés par nos rien;
« Mais soiés toute asseuree. »
5060 A tant ont lor raison finee.

Dormir se vont dusqu'el demain
Que cil defors, li Castelain,
Sont revenu devant la vile.
Plus en i ot de treze mile
5065 Qui tuit crient à haute vois :
« N'i garirés, chaitif borgois,
« A maleur issiés cha fors.
« Venés au roi, rendés vo cors,
« En sa merci vos metés tuit,
5070 « Ains que soiés mort ne destruit,
« Ou se ce non, se il vos prent,
« Fel soit se a hars ne vos pent. »
Mais cil dedens as murs s'arrengent;
Ce qu'il dient bien lor chalengent.
5075 Dont commence li assaus grans
De ceus dehors a ceux dedens;
De perrieres, de mangouniax,
D'arbalestes et de quarriax   (f° 119)
Espessement lancent et traient;
5080 Et cil dedens ne se delaient

5059 asseure — 5061 Mormir — 5062 ostelain — 5064.XIII.

Que vassaument ne se deffendent.
Se riens i perdent, chier lor vendent.
En sa chapele est la roine.
Qui bat son pis et sa poitrine
5085 Et deproie le creatour
Que sa gent gart par sa douçour,
Que n'i soit morte ne perie.
Et quant ele ot la messe oie,
De sa chapele est fors issue.
5090 A la fenestre en est venue
Qui desor le vergier ouvroit
Et garde aval, les bestes voit
Si com le soir les ot veues.
Mais les piax qu'il orent vestues
5095 Erent si por le chaut sechies
Et retraites et restrechies
Que contreval par les coustures
Lors saillent hors les vesteures,
Lor porpres indes et vermeilles.
5100 Mult vient la dame a grant merveilles,
Quant les dras voit des piax issir,
Et reclaime le saint espir
Qui le consaut que ce puet estre.
A soi a fait venir le mestre,
5105 Se li a la chose moustree.
Quant li maistres l'ot esgardee
Et de chascun bien la faiture,
Mult s'esjoist de l'aventure, (*b*)
Car de ces bestes set bien l'uevre;
5110 A la roine le descuevre :
« Dame, » fait il, « or ne cremoir.
« Or pues t'avision veoir,
« Si com l'autre jor me deistes.
« Dame, pieça que vos oistes
5115 « Conter un mès en ceste tor

5086 douçor — 5115 .I.

« De la fille l'empereor
« Et del Grijois quil voloit prendre,
« Si com li mès nos fist entendre;
« Mais ne volt pas le mariage,
5120 « C'aillors avait mis son corage,
« En un vassal bel et vaillant
« C'ainc ne vit nus si avenant.
« Si l'a fors traite del pais
« Et jeté hors de ses amis.
5125 « Mais on ne savoit si preudoume
« En tote la terre de Roume,
« Ne si bel ne si avenant,
« Ne par ses armes si vaillant,
« Com cil est qui o li s'en vait.
5130 « Mais mult estrangement l'ont fait,
« C'ainc que de Roume fuissent fors,
« En deus piax d'ors misent lor cors.
« Bien s'i enlacierent et misent,
« Si com li messagier nos disent,
5135 « Qu'il ne fuissent reconneu.
« Or vos en est bien avenu,
« C'or pues veoir le chevalier
« Qui est venus por toi aidier;
« Et c'est s'amie jouste lui.
5140 « Ce sont il en ces piax andui.   (c)
« Vois la le cerf et vois la l'ors
« Qui te faisoient le secors
« En t'avision de la bataille ;
« Ce est li damoisiax sans faille
5145 « Qui te deliverra ta terre
« Et fera fin de ceste guerre.
« Mais or ont les piax d'ors laissies;
« Ne sai por coi les ont changies,
« Ne cestes ou les porent prendre.

5121-5122 *ces deux vers manquent. Le roman en prose porte :* comme un vassal beau et vaillant l'avoit enmenee. — 5125 preudomme

5150 « Or vos convient a ce entendre,
« A esgarder, a porchacier
« Comment aions le chevalier,
« Lui et s'amie, a nos atrait.
— Dieu en souviengne se lui plaist, »
5155 Dist la dame qui mult s'esjot
De ce c'au capelain dire ot.
. . . .
Puis atornent si lor afaire
C'ainc que jors soit ne solaus paire,
Sera la roine vestue
5160 Et bien lacie et bien cousue
Et enlacie et atornee.
Par un guichet est avalee;
Dusc'au vergier vint la roine,
Ensamble o li une meschine.
5165 Ne sot nus plus ses convenans,
Fors que li mestres Moysans

5156. *Il y a ici une lacune considérable qu'il est indispensable de remplir au moyen de la version en prose, pour faire comprendre la suite du récit :* Comme la Royne de Cecille par | le conseil de Moysant son cha|pelin se vestit en peau de cerf et | alla au parc au iardin ou e|stoient Guillaume et Melior: Et comme ilz s'entrecogneu | rent.

...... Si vous conuient noble | royne tant faire qu'ilz soient auec | vous afin que le Cheualier puis|siez auoir de vostre secours. Lasse |moy dist la royne a Moysant con|seillez moy comment ie pourray | a eux parler: pour dieu enseignez | moy la maniere : dist Moysant |ceans y a vne grand peau de cerf | Si conuient que en icelle soyez | cousue tout ainsi quilz sont et | puis delez eux vous yrez coucher | en sorte que les puissiez voir a vo|stre ayse. Mout fut ioyeuse la | Dame, et quand Moysant son | chappellain entendit. Si neust | cesse ne repos iusques a ce qui | estoit delibere fut mis afin. En | sa peau de cerf fust par Moysant | cousue, et sembloit proprement | que delle fust vn cerf sauuaige | tant estoit bien appoinctee de | tous costez. Elle attend par le con | seil de Moysant iusques a la nuyt | qui passa iusques enuiron laube | du iour. Et lors descend les de | grez, par vn guichet entre au | iardin et parc ou estoient les deux | amans. Si enchargea a vne ieune damoyselle auec qui elle e|stoit de lattendre au guichet :...

Qui tot l'afaire a devisé.
A la pucele a commandé
Que iluec soit et tant s'i tiengne
5170 Que la roine a li reviengne.   (d)
A tant s'en va, plus n'i arreste :
A quatre piés comme autre beste
Est entree par le guichet
Ens el vergier; tot souavet
5175 Venue en est jusc'au prael.
Ou gisoient li jovencel;
Dalés le bus se rest couchie.
Mais Meliors ert esveillie;
Une avision veue avoit
5180 Dont tos li cors li tressuoit.
Mult doucement Guillaume apele :
« Sire », ce dist la damoisele,
« Grant paor ai, confortés moi.
— Bele, ne soiés en effroi.
5185 — Si sui. — De coi? — Biax chiers amis,
« En mon dormant m'est ore avis
« C'uns grans aigles et merveillos
« Emportoit, sire, et moi et vos
« Lassus en cel maistre donjon.
5190 — Se Dieu plaist, ce n'iert se bien non »,
Dist Guillaumes a la meschine.
A tant perçoivent la roine
Qui dalés le buisson gisoit ;
Chascuns le moustre l'autre au doit.
5195 « Biax dous amis », dist Meliors,
« Cele beste que ci vint lors
« Delés cel bus est endormie ;
« N'est pas por nos espeurie. »
Guillaumes dist : « Bele, ele a droit;
5200 « Ne nos cuide autre qu'ele voit :   (f° 120)
« S'ele savoit nostre convaigne,

5172 .IIII. — 5187 merveillox

« Ne seroit pas notre compaigne. »

La roine respont briement :
« Bien sai tot vostre convenent,
5205 « Ne por vos ne m'en fuirai mie
« En sus de vostre compaignie,
« Ne ja par moi n'i perdrés rien ;
« Et si vos di que je sai bien
« Vos erremens tos et vos estres. »
5210 Seignié se sont de lor mains destres,
Quant il entendent la roine.
De paor tramble la meschine,
Car ele n'ert pas asseur.
Guillaumes dist : « Je te conjur,
5215 « Beste, de par le roi du mont,
« Se de par lui paroles dont,
« Ne se c'est autres esperites,
« Ne qui ce est que vos me dites,
« Ne se par toi i arons mal. »
5220 La roine dist au vassal :
« Ja n'i arés nul mal par moi,
« Et de par Dieu paroil a toi
« Le roi du mont qui nos fist tos.
« Si sui tex beste comme vos,
5225 « D'autel samblant, d'autel nature.
« Chacie m'ont de ma pasture
« Autres bestes par lor effors.
« Or vieng a Dieu et a ton cors
« Por aide et por secors querre.
5230 « Se les metés hors de ma terre   (*b*)
« Et me rendés mon pasturage,
« Signor serés de tout l'erbage
« Entre vos et vostre pucele
« Qui est ma chiere damoisele,
5235 « Fille l'empereor de Roume.
« Je sai de vos toute la soume,

5236 somme

« Tot si com vos est avenu.
« Bien soiés vos andoi venu;
« A boin port estes arrivé.
5240 « De moi orrés la verité :
« Moie est toute ceste contree,
« Si sui roine coronee ;
« Mais a mult grant tort le m'essille
« Li rois d'Espaigne por ma fille
5245 « C'a force velt par son orgoel;
« Mais certes, sire, je ne voel :
« Ja se Dieu plaist ne l'avera.
« Tant m'a menee ça et la,
« Arse ma terre et confondue,
5250 « Et si avec le m'a tolue ;
« Ne m'a laissié fors seulement
« Ceste cité et poi de gent.
« Or sui a toi venue ci
« Que me secors par ta merci.
5255 « En service et en guerredon
« Tot vos metrai en abandon
« Terre et avoir, or et argent
« A faire vo commandement ;
« S'en secourés et moi et vos.
5260 « Li miudres estes et le pros,   (c)
« Si com l'en dit, qui soit el mont. »
Et Guillaumes li bers respont :
« Por Dieu qui tout le mont destine,
« Estes vos donques la roine?
5265 — Si m'ait Dieu, oil, biau sire.
— Et qui vos peut conter ne dire
« Qu'estiiens ci ? — Je le sai bien.
« — Plus m'en merveil que nule rien,
« Dame, comment vos le seüstes
5270 « Ne nostre afaire perceustes.
— Je le sai bien : or est ensi;

5245 orguel — 5260 prous

« A vos m'en claim d'avoir merci.
— A moi ? — Voires. — Et vos de coi ?
— De tote ma terre et de moi
5275 « Que je ai toute en fin perdue,
« Se ne le rai par vostre aiue.
« Mais tant estes de grant vaillance
« Et ai en vos si grant fiance
« Que tout ravrai, ne m'en dout mie,
5280 « Se j'ai de vostre cors aie. »

Quant Guillaumes la dame entent,
De li mult grans pitiés li prent.
Mult par li grieve de son raine
Et de li c'on a tort demaine ;
5285 Mais s'il seust qu'el fust sa mere,
Mult li fust plus sa perte amere.
N'en sevent rien, ele ne il,
Que il ait mere n'ele fil ;
Nequedent trestot li otroie.
5290 « Dame », fait il, « se Diex me voie (d)
« Ne sai comment il iert de nos ;
« Ne s'avoie fiance en vos,
« Ne faudriés pas a nostre aie. »
La dame l'ot, tant s'umelie
5295 Que jusqu'aval as piés l'encline.
Cil en relieve la roine
Qui a cuer prent mult son afaire,
Car nature l'i fait retraire ;
Et ele andeus les asseure
5300 Et trés bien lor fiance et jure
Qu'el lor sera de boine foi.
A tant se sont levé tot troi.

Quant chascuns fu drois sor ses piés
Mult par vos esmerveillissiés
5305 Ses veissiés en tel maniere.
Guillaumes s'est mis tos derriere

Et la roine va devant
Et la pucele au cors vaillant.
A la posterne vienent droit,
5310 Ou la pucele encore estoit
Que la roine i avoit mise.
Quant ele voit en itel guise
Les trois bestes vers li venir,
De la paor s'en volt fuir,
5315 Mais la roine le rapele.
« Que c'est », fait ele, « damoisele?
« Avés vos donc paor de moi?
— Ma dame, oil. — Et vos por coi?
— Qu'ensamble o vos en vienent deus
5320 « Dont li uns est grans et hisdeus ; (f° 121)
« Ne sai quex merveilles ce sont. »
Et la roine li respont :
« Por eus veoir ving je ça fors.
« Sor tes membres et sor ton cors
5325 « Te deffent bien c'on ne le sache. »
La damoisele ot la manace
De la roine, si s'arreste;
Mais tant redoute la grant beste
Que n'ose vers lui aprochier.
5330 Entrees sont en un celier,
En une chambre sousterrine :
La ot commandé la roine
Apareillier deus riches bains.
Ele meisme premerains
5335 Est fors de sa pel descousue,
Et as jovenciaus est venue.
Ele meisme a un coutel
A chascun mis fors de sa pel,
Et quant il furent issu fors
5340 Et la pucele vit les cors
Qui a sa dame estoit venue,
Mult grant merveille en a eue,

5312 el les — 5313 .iii. — 5330 .i. — 5333 .ii. — 5337 .i.

Qu'ele ne set que ce puet estre
Quant voit le chevalier honeste
5345 Et la pucele jouste lui,
Et voit qu'il sont si bel andui
De cors, de membres et de vis,
Mais que il erent ens es vis
De lor piax taint et rueillié.
5350 Lor baing furent apareillié : (b)
Deschaucié sont et desvestu ;
Ens sont entré et fait lor fu
Quanqu'apartint a noble gent.
Tost furent prest lor garniment
5355 C'aporter lor fist la roine :
Au chevalier fu la meschine
Et la roine a Melior.
D'un dras de soie tos a or,
Riches et biax et bien ouvrés,
5360 De blans ermines bien forrés
A la pucele apareillie.
Quant del tot l'ot bien atillie
Comme ele pot mix, sans faintise,
Si l'a par la main destre prise ;
5365 Desi au damoisel l'enmaine
Ou cele remetoit grant paine
De lui en tel guise atorner
Que on ne l'en peust blasmer ;
Non fera on qui tort n'avra,
5370 Car richement l'apareilla
De garnemens riches et biax.
Quant vit la bele li danziax,
Encontre va, ne se detrie.
La roine li rent s'amie
5375 Et dist : « Sire, cesti vos rent
« A faire vo commandement.
— Dame, ce fait a deservir ;
« Et Diex me laist le jor veir

5358 uns — 5362 ont

« Que cis services soit rendus. »
5380 Tos les degrés des ars volus (c)
Vont ensamble tot quatre amont
Jusqu'a la maistre sale sont,
Qui mult estoit et riche et bele,
Entre Guillaume et la pucele
5385 Et la dame qui mult ert lie.
Sor une coute gambisie
D'un vert samit, d'orfrois listee,
Qui ert devant son lit getee,
La se sont il tuit troi assis ;
5390 Et dist la roine au cler vis
Au chevalier qui lés li fu :
« Biax sire chier, com fait escu
« Voudrés que querre vos feisse ?
— Dame, se Diex mon cors garisse,
5395 « Un escu d'or ; mais qu'en mi lieu
« I ait portrait et paint un leu
« Grant et corssu et fier de vis. »
Ançois que li jors fust faillis
Fu li escus apareilliés
5400 Et ses harnas tos atilliés
Si bien comme il le volt avoir.
Tant ont eu trestot le soir
Com il volrent et eus pot plaire ;
N'i voel autre devise faire.

5405 La roine avoit un destrier
Qui fu le roi son signor chier.
Brunsaudebruel avoit a non :
Plus bon de lui ne vit nus hom.
Mais puis que rois Embrons mors fu
5410 N'avoit fors de l'estable issu, (d)
Ne ne laissa sor lui monter
Home tant fust hardis ne ber,

5381 tot .IIII. ensamble — 5405 .I.

Ne n'avoit fait samblant de joie.
Or saut, or trepe, or se desroie,
5415 Fronche, henist et clot la teste,
Hurte des piés et fait grant feste,
Car son signor sent et alaine;
Qui li deslaçast la chaaine
Dont li chevax loiés estoit,
5420 Au damoisel alast tot droit.
Mult se prisent a merveillier
Cil qui gardoient le destrier;
La roine conter le vont
Sus en la chambre, contremont.
5425 Mult par en est joians et lie,
Car bien croit que il senefie
Honor qui par tans li vendra.
Guillaumes tot entendu a
Quanque cil dist a la roine;
5430 Un petitet vers li s'acline.
« Dame », ce dist li chevaliers,
« Est donques si bons li destriers?
— Oil. — Dont vint? — Ce fu le roi,
« Mon bon signor, que si chier oi.
5435 « Si l'ai gardé por soie amor;
« Mais onques princes n'ot millor.
— Fu ce le roi? — Oil, sans faille,
« N'a beste el monde qui le vaille. »
Quant Guillaumes ot et entent
5440 Qu'el monde n'ot destrier plus gent, (*f*° 122)
Nule autre riens tant ne desire.
A la roine prist a dire :
« Dame, par le signor souvrain,
« Je meteroie sele et frain
5445 « Sans nule aiue fors de mi,
« Sel me prestiés vostre merci :
« Demain le verront cil defors.
— Biax chiers amis, argens et ors,
« Terres, honors et chasemens,

5450 « Chevax et autres garnemens
 « Prendés tot a votre voloir.
 « Ja contre vos n'avrai avoir
 « Que vos voelliés, n'en doutés mie. »
 Et li vallès mult l'en mercie.
5455 A tant ont lor raison finee.
 De la nuit ert grant masse alee;
 Le vin demandent, couchier vont
 Jusc'au demain que levé sont :
 Mais ains que solaus fust levés
5460 Fu estormie la cités,
 Car cil defors sont ja venu.
 Jusqu'en lor portes ont couru
 Et sont ensamble bien trois mile.
 Mult s'effroient cil de la vile,
5465 Car tuit i cuident estre pris.
 Grans est la noise et grans li cris
 Que font et femes et enfant.
 As defois corent li serjant,
 Li connestable et li borgois;
5470 As deffenses et as berfrois   (b)
 Sont li arbalestrier monté
 Por eus deffendre et la cité;
 Monté furent li chevalier,
 Cascuns armés sor son destrier,
5475 Par ces rues, a mult grans routes.
 Fermees ont les portes toutes;
 N'en i a un qui issir ost
 De la cité vers ceus de l'ost :
 Ensi erent en grant effroi.
5480 El grant palais qui fu le roi
 Est Guillaumes avec sa drue.
 Quant la parole a entendue
 Que venu sont devant la vile
 De ceus de l'ost dusqu'a trois mile,

5477 .I. — 5484 .III.

5485 Ens en son cuer grant joie en ot,
Et au plus tost qu'il onques pot
S'en est li bers apareilliés
Et fervestus et haubergiés.
Brunsaudebruel a demandé,
5490 Et la roine a commandé
Que tot a son plaisir en face,
Qu'ele n'a home qu'ele sace,
Tant se face cointe ne fier
Qui la sele ost metre el destrier.
5495 Guillaumes l'ot, n'atarge plus;
Par les degrés des ars volus
Ist del palais, vint au cheval
Et avec lui pluisor vassal,
Sergant, vallet et chevalier,
5500 Por lui veoir et le destrier. (c)
Quant li chevax voit son signor,
Ainc n'ot beste joie grignor :
Vers lui s'en vait humeliant,
De grant amor li fait samblant,
5505 Del pié marche, le col estent;
Et Guillaumes son bliaut prent,
Le chief li frote et les oreilles.
Mult par vient cex a grant merveilles
Qui esgarder venu estoient ;
5510 Trestot ensamble entr'ex disoient
Qu'il le deust tot vif mengier.
Puis met le frain el bon destrier;
Après li a mise la sele
Qui mult estoit et riche et bele,
5515 Et le poitrail li a lachié.
Quant l'a del tot apareillié,
En mi la place l'a trait fors.
Tot si comme ot armé son cors,
Li est es deux estriers saillis;

5492 sache — 5519 .ii.

5520 Et li destriers s'est ademis,
Qui a merveilles poissans fu
Et fiers et plains de grant vertu.
Les levres a mult reversees
Les narines amples et lees,
5525 Et les ex ot gros en la teste :
Si par resamble fiere beste
Com les gens doie corre sus.
Et li vallès qui estoit sus
L'esperone par tel air
5530 Des pierres fait le feu salir; (d)
Par menus saus porprent la terre;
Mais il n'estuet el monde querre
Prince de plus noble persoune.
L'escu demande et on li doune :
5535 Par la guiche a son col l'a mis.
Un fort espiel qui fu forbis
Prent li vassax, trenchant et roit.
Trestos li pules qui le voit
A merveilles l'a esgardé.
5540 Quant le voient si bel armé
Et il tient l'espiel sor le fautre,
Sovent a dit li uns a l'autre :
« Hé! Diex, qui tote riens terrestre
« Feis, qui puet cis vassax estre
5545 « Qui si par est et biax et gens
« Et fiers li siens contenemens ?
« Diex, com resemble bien preudoume !
« Se tos li empire de Roume
« Estoit a un si fait signor,
5550 « Si seroit bien sauve l'ounor
« Et la corone et li roiames. »
As fenestres erent les dames
De la grant sale marberine,
Et Meliors et la roine

5536 .i. — 5551 roiaumes

5555 Et Florence jouste sa mere
Ou ele regardoit son frere
C'armé veoit sor un cheval
De bons iex et de cuer loial,
Et la roine son chier fil :
5560 Mais ne sevent que ce soit il ;   (f° 123)
Ne set la fille ne la mere
Que ele ait fil ne cele frere.
Tant en ont ensamble parlé,
Son cors descrit et sa biauté
5565 Et son noble contenement,
Que Meliors s'en crient forment
Que la roine et la pucele
N'aient a lui amor novele.
Miex amast encor en sa pel
5570 Estre el vergier o le dansel
Qu'estre venue ou ele estoit ;
Mais de folie se doutoit,
Qu'eles n'i pensoient nul mal.
Et li bers hurte le cheval,
5575 Tot galopant s'en va la rue ;
Et la gent est tote esmeue
De demander qui est cil sire ;
Mais n'i a nul qui sache dire.
As chevaliers en va tot droit
5580 La ou ensamble plus en voit ;
Et quant le voient li baron
Tuit le regardent environ ;
Sa grant fierté prisent et loent
Et sa venue mult conjoent ;
5585 Tot cuident estre secoru
De lui ; ne sevent qui il fu,
Mais bien connoissent son destrier.
Et il lor dist : « Biau signor chier,
« Mult vos voi bien apareilliés
5590 « Et fervestus et haubergiés   (b)
« Mult me samblés de grant maniere,

« Gent bien aidant et noble et fiere,
« Qui mult bien doivent tot par tot
« Lor droit tenir, enseurquetot
5595 « Que tos vos quit de ceste terre.
« Si m'esmerveil de ceste guerre
« Que si avés tant ja soufferte
« Et consentue vostre perte.
« Mult en poés avoir grant honte,
5600 « Vos qui estes et prince et conte,
« Li mix vaillant et li signor,
« Qu'ensi vos tolent vostre honor
« Gent qui ainc mais ne fu cremue,
« Et si vos tienent tos en mue
5605 « Çaiens en ceste vile enclos
« Que n'estes si vaillant ne os
« Que vos lor alissiés deffendre
« Que del vostre ne voisent prendre;
« Ains en prendent a lor plaisir.
5610 « Dehait qui mais le volt souffrir
« Que de vos facent plus lor gas!
« Si sont honor a vostre aas,
« Que s'or volons sachier a nous
« Ja d'eus n'escapera uns sous,
5615 « Ne soient tuit et mort et pris.
« Alons contre nos anemis,
« Chalengons lor et moustrons lor
« C'a tort chalengent ceste honor :
« Ne sai noient del plus souffrir. »
5620 A tant a fait la porte ouvrir ; (c)
Si s'en ist tos premierement
Et avec lui tex quatre cent
N'en i a nul qui n'ait voloir
De mult bien faire a son povoir,
5625 Et sont tuit bon vassal proisié
Et de bien faire encoragié.

5613 a nos — 5615 soit — 5622 .iiii. — 5624 voloir

GUILLAUME DE PALERNE.

Quant Guillaumes voit les vassax
Venir armés sor les chevax
Qu'après lui issent a esploit,
5630 Mult en est liés et si a droit.
Lors il s'arreste et les atent,
Puis lor a dit mult belement :
« Signor baron, vés ciax d'Espaigne
« Dont tote cuevre la champaigne :
5635 « Se il sont plus de nos assés,
« Onques por ce nes redoutés.
« Trestos vos cuident prendre as mains :
« Vés com il vienent qui ains ains ;
« Il n'ont eschiele ne conroi ;
5640 « Trestuit en vienent a desroi ;
« S'est qui face, tuit son destruit,
« Mais tenés vos ensamble tuit,
« Ne vos desroutés, biau signors,
« Petit poigniés et faites cors.
5645 « Gardés por aus ne perdés terre ;
« Ses verrés ja enfin conquerre
« Que ja n'i averont garant.
« Ci en voi un venir devant
« Qui mult est bien apareilliés
5650 « Et richement enchevauchiés ; (d)
« Mais sachiés bien, petit nos crient,
« Quant ensi devant sa gent vient.
« Ne sai qui'n avra le millor,
« Mais g'irai contre le signor,
5655 « Et si vos di qu'a l'assambler
« Verrés ja moi o lui versser. »
A tant lait corre le cheval
Et vait encontre le vassal
Par grant air, de tel ravine
5660 Chevrex ne beste de gaudine

5631 Lors *manque* — 5644 cours — 5648 .I. — 5651 petit *manque* — 5656 et lui

Ne li peust route tenir.
Tant com chevax pooit souffrir
Vienent ensamble li baron
Qui mult erent poissant et bon.
5665 Li Espaignox estoit mult prous
Et fors et fiers et coragous,
Et seneschax le roi demaine,
Princes et maistres de son regne :
Par son conseil et par son los
5670 Faisoit li rois et toute l'os.
De Guillaume ne connut mie :
Si li torne a mult grant folie,
Quant il a lui venir osa;
Mais c'iert il qui le comperra.
5675 Porquant le fiert si roidement
Desor l'escu que tot li fent ;
Sor le hauberc l'anste peçoie.
Guillaumes si son cop emploie
De son escu desront les ais :
5680 Sor le hauberc descent li fais, (f° 124)
Tot li desront et li desmaille;
Trés parmi outre la coraille
Li met fer et fust et enseigne,
Mort le trebuche en la champaigne.
5685 Une parole li a dite :
« Toute ravrons la terre quite ;
« Jamais par vos n'averons guerre,
« Mar venistes en ceste terre;
« De vos est la guerre finee.
5690 « Mar guerpistes vostre contree
« Por nostre terre chalengier. »
Par les resnes prent le destrier,
Si l'enmaine par la bruiere,
Et si s'en retorne arriere.
5695 Le cheval a tramis s'amie
Qui mult en fu joians et lie.

Espaignol mainent grant dolor,
Quant il voient mort lor signor
Le seneschal, qui si iert prous
5700 Et sire et maistres ert de tous.
Lors parvienent desci au cors :
La ot main poing batu et tors,
Et mainte larme i ot plorees,
Chevox sachiés, barbes tirees;
5705 Car il estoit tos lor apuis,
Lor governere et lor conduis,
Maistre de l'ost et conseilliere.
Porter l'en font el champ arriere,
Que li cheval nel defoulaissent.
5710 Contre lor anemis s'eslaissent; (b)
Les fers baissiés les vont ferir
Quanque destrier pueent souffrir.
Et Guillaumes la soie gent
Fait chevauchier estroitement.
5715 Quant sont armé, laissent destendre
Quanque cheval lor pueent rendre.
A l'encontrer si s'entrefierent
Que cent des lor en trebuchierent,
Qui onques puis ne remonterent,
5720 N'escu ne lance ne porterent.
Guillaumes a sa lance fraite
Et a s'espee nue traite;
Embrasés d'ire et plain d'orguel
Laisse corre Brunsaudebruel;
5725 Entre Espaignox se va plungier.
Qui donc veist vassal aidier,
Trenchier et testes et cerviax,
Espandre entrailles et boiax,
Menbres et piés et poins couper,
5730 Cors de vassal desenseler,

5699 li seneschaus — 5700 maistre — 5718 .c.

Mors et senglens cheoir a terre,
Qui pais ont fait de ceste guerre,
Et Espaignox metre a martire,
Qui le veist, bien peust dire
5735 Qu'el monde n'eust son pareil.
Tot porte taint de sanc vermeil
Le branc et le bras et le cors
De ceus qu'a mahaigniés et mors.
Li citoien bien s'i aient;
5740 Fierent et caplent et ocient (c)
Et vassal mainent a dolor.
Si sont seur por lor signor
Que nul peril ne mort ne doutent.
Des mix vaillans des lor desroutent,
5745 Cerquent les rens destre et senestre;
Maint destrier font sans signor estre
Qui a la mort el champ travaille.
A tant es vos par la bataille
Carcant, un mult noble vassal,
5750 Qui niés estoit le seneschal.
Por lui vengier vint a grans saus
Par la bataille li vassaus,
Et va ferir Marcon de Rise.
Tote sa lance li a mise
5755 Trés parmi outre la forcele;
Mort le trebuche de la sele,
Puis fiert Casu de Cephalu.
Desous la boucle fraint l'escu,
Ne li haubers ne fu tant fors
5760 Ne li ait mis parmi le cors
Le fer et le fust et l'ensaigne;
Mort le trebuche en la champaigne.
A cest cop est fraite sa lance;
Puis trait l'espée, en eus s'avance

5744 desrotent — 5749 .I. mult — 5750 mareschal — 5752 vassax

5765 Et fiert Jasan, un citoiain,
Desor le haume tot de plain.
Hiaumes ne coiffe n'armeure
Ne l'a gari de s'aventure
Qu'en deux la teste ne li fende
5770 Et le cervel ne li respande; (d)
Mort le trebuche del cheval.
Après lor dist : « Signor vassal,
« Se mal vos fac, n'ai mie tort
« Quant un mien oncle m'avés mort.
5775 « Compré l'avés et comperront
« Cil qui encore a morir sont. »
Puis passe outre par mult grant ire.
Maint citoien blece et empire,
Maint en ocit, maint en mehaigne :
5780 A lui ralient cil d'Espaigne.
S'or n'ont secors cil de la vile,
Ja i morront plus de deux mile.

Mais Guillaumes li bers li sourt
Sor le destrier qui tost li court.
5785 Au brant d'acier depart la presse;
Voit le vassal, vers lui s'eslesse
Et li vassaus encontre lui.
Si s'entrefierent ambedui
Que li fus vole des aciers.
5790 Guillaumes fu et fors et fiers;
Tel cop li done de son brant
C'ainc d'arme nule n'ot garant.
De la teste li rest l'oreille;
Li cols descent par grant merveille
5795 Sor l'espaulle de tel vertu
Toute li fait partir del bu
Et le costé, si que l'entraigne
Li respant toute en la champaigne.

5765 .I. — 5769 .II. — 5782 .II. mile — 5784 cort — 5797 entraille

Li cors dont l'ame se depart
5800 Mors trebuche de l'autre part (f° 125)
Si qu'el sablon vole li hiaumes.
« Outre, vassal », ce dist Guillaumes;
« Se damage fait nos avés
« A vostre gent nel redirés :
5805 « Ja nel savra li rois vo sire,
« S'autres que vos ne li va dire. »
Puis hurte avant entre Espaignos;
Mais si li ont torné le dos
Qu'il n'i a nul atendre l'ost.
5810 A tant s'en vont fuiant vers l'ost :
Cil escape qui fuir puet;
Qui demore morir l'estuet
Ou as mains pris et detenus :
Desconfit furent, n'i ot plus.

5815   Retorné sont li cytoiain
O lor eschec et lor gaaing,
Baut et joiant en la cité.
De Guillaume ont forment parlé,
De sa vertu, de son effors :
5820 Por lui oublient tos les mors;
Grant joie en font et grant parole.
La roine forment l'acole
Et conjoist et est mult lie.
Trestot li met en sa baillie
5825 S'onor et sa terre et sa gent
A faire son commandement :
Que garde en soit et commandere
Et senechaus et gouvernere.
Puis ont desarmé le vassal;
5830 Garde font prendre del cheval   (b)
Qu'il ait del tot son estovoir ;
Puis vont en la chambre seoir

5815 cytoian

As fenestres, sor le vergié.
La sont assis et apoié
5835 Les trois dames et li vassa .
Biax fu li jors et grans li chaus.
Ensi comme ilueques parloient,
Gardent aval, el vergier voient
Ou li garox i ert venus.
5840 Mais tel merveille ne vit nus :
Les piés ot joins, et sor la teste
Les avoit mis la fiere beste ;
Si se drece sor ceus derriere.
A simple vis, a simple chiere
5845 Encline la chambre et la tor
Et les dames et le signor,
Puis se refiert en la gaudine.
Mult s'esmerveille la roine
De ce que la beste voit faire.
5850 Au chevalier ne se pot taire
Que maintenant ne li ait dit :
« Sire, por le saint esperit,
« Avés vos merveille veue
« Laval de cele beste mue,
5855 « Com fait samblant nos a ci fait?
— Oil, madame, s'il vos plaist »,
Dist Guillaumes a la roine.
« Je cuit la beste nos destine
« Honor et bien, mon essient,
5860 « Qui nos venra prochainement.   (c)
« Et Diex le nos otroit, li sire.
— Certes, se je l'osoie dire »,
Fait la dame, « sire, c'est cil
« Qui me ravi un mien chier fil
5865 « Que j'ai perdu, mult a lonc tans,
« Dont mes cuers est encor dolans
« Et sera tant com je vivrai.

5835 .iii. vassax — 5842 les *manque*, mise — 5843 derriere *manque*

— Comment, dame ? — Jel vos dirai,
« Biax chiers amis », fait la roine;
5870 « Sachiés ce fu verités fine.

« En cel vergier estiens un jor
« Moi et le roi mon chier signor,
« Chevaliers, dames et baron
« Et autres gens a grant fuison.
5875 « Cel jor fist mult et bel et chaut.
« A tant es vos que del bos saut
« Uns leus ausi fait par samblant
« De cors, de poil et d'autel grant,
« Comme cis fu que or veismes.
5880 « Devant les iex le roi meismes,
« Trés parmi tote l'assamblee,
« Vint afendant, goule baee;
« Un mien enfant qu'adont avoie,
« Que plus que nule riens amoie ;
5885 « N'avoit mie plus de quatre ans,
« Mais en cest siecle nus vivans
« Ne vit si bele creature
« De cors, de vis ne de figure,
« Guillaume ot non, celui ravi,
5890 « Ainc puis, biax sire, ne le vi. (d)
. . . .
— Ne fu il pas adonc chaciés?
— Si ne fu pris? — Nenil. — Comment?
— Ainc n'ot garde de nostre gent.
5895 « Si le sivirent qui ains ains,
« Et tot avant as premerains
« Li rois meismement ses cors,
« Et si baron et ses effors,
« Li pueple mainte communal,
5900 « Cil a pié et cil a cheval.
« Tant le chacierent et sivirent
« Qu'el Far a force l'embatirent.

5871 .I. — 5875 et manque — 5883 .I. — 5885 .IIII.

« Au fons ala, puis nel vit on.
« Ensi par tel perdicion
5905 « Et par si grant mesaventure
« Perdi ma joule porteure. »
Quant Guillaumes la merveille oit
A poi de lui ne se mescroit,
Car bien li menbre del vachier
5910 Qui le norri et ot si chier,
De ce qu'il dist l'empereor
Qu'en riches dras, en noble ator
L'avoit trové petit el bois
Et puis norri sesante mois,
5915 C'ainc ne trova quil demandast.
Por voir ses fix estre cuidast,
Se la roine dit n'eust
Qu'en la mer ses fix noiés fust;
Por ce en laisse le penser.
5920 De cex de l'ost devons parler   (f° 126)
Qui assés ont et duel et ire.
Grant noise font et grant martire
De lor parens, de lor amis,
Que cil dedens lor ont ocis :
5925 Mult en demainent grant dolor,
Car mult i ont perdu le jor
De lor amis, de lor parens.
Mult par en est li rois dolens
Que por un poi tos vis n'esrage
5930 Por sa perte et por son damage.
Sovent demande qui ç'a fait,
Et il li ont dit et retrait
Li fuiant qui sont revenu,
Tot si com lor est avenu.

5935   « Sire », font il », or nos escoute;
« La verité t'en dirons toute,
« Que ja de mot n'en mentiromes,

5914 .lx. mois

« Comment tu as perdu tes homes.
« De la lor est tex gens venue
5940 « C'ainc sa parex ne fu veue,
« Si fiere ne si aduree,
« Si combatans ne si armee.
« Un chevalier i a sor tous
« Qui tant par est vaillans et prous
5945 « Que sen pareil nen a el mont.
« Icil ocit tot et confont;
« Contre les cox de son acier
« Ne puet riens nule avoir mestier.
« Cui il puet bien de plain ferir,
5950 « Arme nule nel puet garir   (b)
« Qu'il ne le fende ou colt parmi.
« Li chevaliers dont je vos di,
« Qui si par est de grant vertu,
« Un leu a paint en son escu.
5955 « Cil nos ocist le senescal
« Et son neveu, le bon vassal,
« Qui si bien l'avoit fait le jor
« Et si adamagoit les lor
« Que tuit fuissent en fin vencu,
5960 « S'auques eust li ber vescu.
« Mais ne pot pas trepasser s'eure,
« Car li lyons qui tot deveure,
« Qui vostre gent a hui si morte,
« Li chevaliers qui le leu porte,
5965 « Quant aperçut le demoisel
« Qui de sa gent faisoit maisel,
« Plus qu'il ains pot a lui s'eslesse.
« Nel pot tenir ne tas ne presse
« Ne pasast outre a force faite.
5970 « L'espee toute nue traite,
« Carcant si roidement feri

5937 mentiroumes — 5943 .I. — 5951 fent — 5954 .I. — 5967 ains manque

« C'onques hiaumes nel garanti,
« Ne la coiffe du hauberc blanc
« Qu'il n'ocesit le vassal franc.
5975 « L'oreille li rest de la teste;
« L'espaulle et le costé senestre
« Li fist au brant sevrer del cors.
« Outre s'en passe et il chiet mors.
« Ensi fu mors li bons vassaus,
5980 « Et ses oncles li seneschaus : (c)
« Ne nos en lut un raporter,
« Car trop i fesoit mal ester;
« El champ se gisent a dolor
« Entre les nostres et les lor
5985 « Dont il i a a grant fuison.
« Cil qui le leu porte el blason
« Vos a fait tot icest damage
« Et desconfit vostre barnage.
« Prendés conseil quel le ferés
5990 « Et ceste honte amenderés. »

A tant es vos le fil le roi,
Contes et princes avec soi.
Bien ot oi et entendu
Comment si home erent vencu,
5995 Comme il sont mort et il sont pris;
Et ot la noise et ot les cris
Que cil de l'ost mainent et font
De lor amis que perdus ont.
Mult en ot a son cuer grant ire.
6000 Le roi apele et dist : « Biau sire,
« Or est ensi, perdu avons
« De nos vassax, de nos barons;
« Mais encore avés chevaliers
« Bien jusc'a sesante milliers,
6005 « Trestot sans l'autre gent menue.

5980 seneschax — 5993 ont — — 6004 .lx. millier

« Ensi est la chose avenue;
« N'i a noient de l'esmaier,
« Mais d'esgart prendre et del vengier
« Iceste honte et icest lait
6010 « Que il nos ont porquis et fait,   (d)
« Qu'il n'en puissent lor gas tenir.
« Ja n'aie je terre a tenir
« Ne nule honor jor de ma vie,
« Se ne lor est mult chier merie.
6015 « Se demain osent issir fors,
« Seur pueent estre des cors :
« Se puis trover hors de la porte
« Celui c'on dist qui le leu porte,
« Qui vos a fait ceste moleste,
6020 « De lui vos renderai la teste.
« Puis que celui perdu avront,
« Li autre ja n'i gariront.
« Se la cité voelent tenir,
« Nos penserons de l'assalir :
6025 « Par vive force seront pris
« Et tuit en vostre prison mis.
« Quant les tenras a toi ça fors
« Si pren venjance de lor cors :
« Rendue lor soit la deserte
6030 « De ton damage et de ta perte.
« Quant avras ta venjance faite,
« De laiens soit la dame traite
« Et sa fille que n'i remaigne.
« Andeus les envoie en Espaigne,
6035 « La feras ton plaisir des dames.
« Lors ert tiens cuites li roiames,
« La corone et la signorie.
« N'iert hon el mont qui le desdie,
« Tant ait encore poesté.
6040 — Biax fix, si comme as commandé, » (*f.*127)

6036 roialmes

Ce dist li rois, « sera il fait. »
A tant ont laissié tot le plait,
Tant que la nuis fu trespassee
Et que li aube fu crevee.
6045 Cil qui errer doivent s'esveillent;
Lor cors arment et apareillent
Au mix et au plus bel qu'i peurent,
Il ne detrient ne demeurent;
Monté en sont sor les destriers
6050 Desci a vint et deux milliers
De bone gent fiere et hardie
Du mix de la chevalerie.
Li fix le roi trestout devant
Ses eschieles va devisant;
6055 Dis conrois a fait et serrés.
En chascun a deus mile armés;
Bon connestable a a chascun.
Après lui viennent, un a un,
El sien conroi devant, trois mile;
6060 Chevauchant viennent vers la vile.

Quant li solax vint et li jors,
Des armes ist grans resplendors :
Luisent cil hiaume et cil escu
Et cil hauberc maillié menu,
6065 Ces banieres et cil penon
Qui ventelent par le sablon.
Voient le champ : grant duel faisoient
De lor amis qu'iluec gisoient,
Voient tant hiaume a or luisant
6070 Et tant vassal souvin gisant (b)
Et tant espiel et tante lance
Et tante bele connissance,
Tante lance, tant brant d'acier
Et par le champ tant bon destrier,

6050 .xxii. — 6055 .x. — 5056 .ii, — 6059 .iii.

6075 Tant hauberc a sanglente maille,
Tante ventree et tante entraille
Jesir tot contreval la pree,
Tante teste de bu sevree,
Tant pié tranchié, tante poitrine
6080 Et tante coste et tante eschine.
Et veissiés tante jouvente
Jesir el champ morte et sanglente ;
Plorent et plaignent la dolor
Que par le champ voient des lor.
6085 Quant li seneschax fu trovés,
Sor tos fu plains et regretés,
Car mult l'amoient li baron.
Carcant recerchent environ :
Trové le ront en la champaigne;
6090 De jouste lui li gist s'entraigne :
As armes l'ont reconneu ;
Porter le font sor un escu.
Arriere en l'ost sor deus sommiers
En font porter les chevaliers.
6095 Tex en fist son ami porter,
Qui ainc ne vit son enterrer,
Car ains la nuit l'estut morir.
Espaignol sont en grant desir
De vengier eus et lor amis :
6100 A itant ont les cors guerpis ; (*e*)
Outre en un val sont arresté
Qui ert entre aus et la cité.
Ilueques ont une partie
Laissié de lor chevalerie
6105 Et ont en lor enbuschement
Mis quatre mile de lor gent.
Si lor estuet metre sor iaus,
Se cil saillent des repustiaus

6092 .I. — 6093 .II. — 6106 .IIII. et .IIII. de — 6107 aius — 6108 repustiax

12

Por aus aidier ; a tant s'en vont.
6110 Près de la vile venu sont ;
Mais cil dedens erent ja fors,
Mult noblement armés lor cors :
Mult par sont bien apareillié
Et richement enchevauchié.
6115 Sis batailles ont establies,
Trestoutes prestes et garnies
Comme a lor anemis combatre.
De chevaliers ont fait les quatre
Et li cinquismes des conrois
6120 Fu de serjans et de borgois ;
Li sismes fu de gent a pié ;
Devant les lices sont rengié.

Guillaumes ert el premier front,
Par cui conseil li autre font :
6125 Ses eschieles mult bien ordene,
A chascune bon prince assene,
Mult bel les estruit et devise
Et de bien faire les atise ;
Puis se regarde et voit les lor
6130 Et dist as siens : « Voiiés, signor,   (d)
« Vés lor gent vient, or del bien faire :
« Fait lor avons honte et contraire :
« Vengier se voelent, bien le voi.
« Vés comme il viennent a desroi ;
6135 « De desreer n'ont or talent,
« Faire le voelent sagement
« Comme preudome ; et sachiés tuit
« Que tuit seront mort et destruit ;
« Ja contre nos n'aront garant.
6140 « La en voi un venir devant :
« Cil tient un gonfanon destors,
« Qui mult a bien armé son cors.

6115 .vi. — 6118 .iiii. — 6121 witisme. *La version anglaise parle de x. batailles, vers* 3562. — 6140 .i.

« Com samble riches li chevax
« Et fiers et nobles li vassax!
6145 « Diex! com a riches garnemens!
« Est il or sire de ces gens?
— Oil. — Qui est? — Li fiz le roi,
« Uns chevaliers de grant nobloi,
« Car cors d'ome ne prise a lui.
6150 — Bien i porra avoir anui,
« Tel lieu se puet ancui embatre.
« S'il estoient tel vint et quatre
« Com vos dites que il cuide estre,
« Or voel je ses acointes estre, »
6155 Dist Guillaumes, qu'il le desire.
L'escu embrace par grant ire
Et hurte avant Brunsaudebruel.
Tuit devienent vermeil si uel
Du sanc qui li monte el visage;
6160 Li cuers li croist et quelt barnage. (f° 128.)
Devant sa gent va galopant
A tot l'espiel au fer trenchant;
Comme un penoncel de ses armes
L'escu a pris par les enarmes.
6165 Li fix le roi de l'autre part
De Guillaume se prent regart :
Au leu qu'il porte en son escu
L'a bien li bers reconneu.
As suens demande : « Est ce or la cil
6170 « Qui des nos a fait tel escil?
— Oil, sire, c'est il meismes;
« C'est li vassax que mar veismes.
« Vés com se fait cointe et gaillart,
« Plus se fait fiers que un lupart.
6175 « Ses destriers fu le roi Embrun;
« Ne sai en terre millor un.
« Com le porsaut en cele place!

6152 .XXIIII. — 6158 oel — 6163 .I. — 6174 .I. — 6176 .I.

« Maudite soit la soie brace
« Qu'il nos a mis en tel effroi ! »
6180 De ce n'a soing li fix le roi,
Ains laisse contre lui destendre
Quanque li puet li chevax rendre,
Car mult le het a desmesure.
Guillaumes qui ne s'asseure,
6185 Quant il le voit, pas ne s'areste :
Plus tost que foudres ne tempeste
Se laisse corre contre lui.
Si s'entrefierent ambedui
Que li escu percent et croissent
6190 Et les lances quassent et froissent.   (*b*)
Ensamble hurtent li destrier :
Et ambedui li chevalier
Si roidement c'andoi chancelent ;
A poi que tot ne s'escervelent.
6195 Guillaumes ot plus fort destrier.
Le fil le roi fist trebuchier,
Ensamble o lui et le cheval,
Dusqu'a la terre contreval ;
A poi qu'il n'a l'eskine fraite.
6200 Sor lui remaint l'espee traite,
Palerne crie ; et cil destendent
Qui el ne quierent ne atendent.
Lors veissiés venir lor gens
A fous, a milliers et a cens
6205 De ceus dedens sor ceus defors,
Sor les chevax bauchans et sors,
Les fers des lances abaissiés.
Puis que li mons fu commenciés
Ne fu si fais estors veus,
6210 Si bien requis ne mix ferus,
Ne si prillex, ne si mortax,
Ne tex damages de vassax.

6184 lasseure

Cil d'Espaigne vont par l'estor,
Fierent et traient par vigor :
6215 Por rescorre lor damoisel
I font espandre maint boel,
Mainte cervele, mainte entraille.
Citoien sont en la bataille
Por lor signor seur et fier.
6220 De ceus de l'ost font trebuchier (c)
Maint haut baron et maint vassal,
Comme sanglers lor livre estal.
Car Guillaumes li bers, li prous,
Li vertuex et li estous,
6225 I fiert a force et a ravine.
Des lor i fait grant grant descepline :
Tant fiert aval, tant fiert amont,
Environ lui la presse ront.
Ne por destroit ne por besoingne
6230 Le fil le roi li bers n'esloingne,
Ançois le tint par la ventaille
Et sache et trait de la bataille
Par vive force et par poestre.
Fors de l'estor li bers l'adestre ;
6235 As citoiens l'a delivré,
Mener l'en fait en la cité,
La roine rendre le cors.
A poi n'esragent cil defors
Del damoisel que voient pris.
6240 Il ont les cors as bouches mis
Por reclamer cex des agais,
Et il destendent a eslais
Quant la besoingne ont entendue :
Mult vient la route espesse et drue,
6245 Grans est la poudre des chevax
Et grans la route des vassax,

6225 I *manque*

Si comme il vienent a desroi
Por secorre le fil le roi.

Guillaumes voit lor gent venir;
6250 Del champ a fait les siens partir, (d)
En la cité arrier les maine
A grant travail et a grant paine,
Car mainte lance i ot ains fraite
Et mainte espee nue traite,
6255 Maint colp doné et maint rendu,
Maint elme frait et maint escu
Et mainte broigne dessafree,
Mainte teste de bu sevree,
Maint vassal mort et maint baron.
6260 A tant es ciaus a esperon
Qui des agais ierent issu;
Mais trop i sont a tart venu,
Car tot en sont laiens entré
Li citoien en la cité.
6265 Par les murs montent environ
Et li serjant et li geudon
Et es celiers et es muetes.
Cil qui traient des arbaletes
Par les batailles s'establissent,
6270 Que cil dehors nes assaillissent;
Mais il se sont arriere trait.
A ceste fois n'i ot plus fait,
Et cil s'en vont par ces ostaus
La descendent de lor chevaus.
6275 Guillaumes el palais roial
La descendi de son cheval.
Bien fu qui garda son destrier.
La desarment le chevalier
Trente dansel devant la sale.
6280 La dame encontre lui avale, (f° 129)

6268 arbalestes — 6274 chevax — 6279 .xxx.

Ensamble o li les deus puceles
Qui mult erent cointes et beles :
Desqu'a Guillaume en sont venues,
Et quant li bers les a veues,
6285 Contre eles saut, mult les conjoie ;
Les puceles mainent grant joie.
La roine de son prison
Forment mercie le baron ;
Puis s'entreprendent par les dois :
6290 Tos les degres de blanc liois
Montent es sales contremont ;
En la grant chambre venu sont ;
As fenestres revont seoir
Qui faites sont de marbre noir.
6295 Iluec se sont assis tuit quatre
Por deporter et por esbatre,
Por sentir l'air et la froidure,
Car chaut faisoit a desmesure.

Si comme ilueques vont parlant
6300 Et de lor gius entregetant,
La dame esgarde le dansel
Qu'ele voit tant gent et tant bel,
Et plus que nule riens resamble
Le roi Embrun, si com moi samble,
6305 De cors, de menbres, de façon,
De nés, de bouche et de menton,
De vis apert et de samblant.
Li cuers li vait atenriant,
Quant li ramenbre de son fil ;
6310 Des iex li corent fil a fil   (*b*)
Les chaudes larmes contreval.
Guillaumes dist : « Trop faites mal,
« Dame ; por coi menés tele ire ?
« Or deussiés jouer et rire
6315 « Et esbaudir vostre maisnie

6281 les .II.

« Qui mult est lasse et traveillie,
« L'un prametre, l'autre douner
« Et les plaiés reconforter,
« C'un tel des lor avés, ma dame,
6320 « Par cui ravrés vostre royame
« Et vostre honor, ce sachiés bien ;
« Ja n'i faudrés por nule rien.
— Sire, c'est voirs ; cil gart ton cors
« Qui sor tos est poissans et fors.
6325 « Bien sai, sire, par vostre aie
« J'avrai toute ma signorie
« Et m'onor toute, sans doutance :
« De ce sui je bien a fiance.
« Un de mes plus grans anemis
6330 « M'avés vos hui rendu et pris.
« Nostre sire gré vos en sache.
« Ne pris mais aus ne lor manace
« Vaillant la fuelle de cel rain,
« Tant com vos voie sauf et sain.
6335 « Mais or enten, biax dous chier sire,
« Por coi je plor ne ai tel ire :
« Plus me resembles mon signor,
« Le roi qui maintint ceste honor,
« Dont Diex ait hui pitié de l'ame,
6340 « C'autre riens nule », dist la dame, (c)
« De cors, de membres, de visage.
« Se vos fuissiés de tel aage
« Qu'estoit li rois, ainc ne vi rien
« Qui autre resamblast si bien.

6345 « Quant regardai vostre samblance,
« De mon chier fil oi ramembrance
« Qui or fust bien de vostre point.
« Sire, se Diex honor me doint,
« Quant de mon fil me resouvint,

6320 royalme — 6334 vos *manque* — 6348 doinst

6350 « Plorer m'estut, ensi m'avint.
« Feme sui de foible corage.
« Bien sai que ne fui mie sage,
« Bien me deusse estre gardee.
« Qui me tenist nue l'espee
6355 « Deseur le col, ne me tenisse,
« Sire, se Diex mon cors garisse.
— Dame, » fait il, « ç'avient sovent :
« Tex samble l'autre apertement
« C'ainc ne monta a lui de rien.
6360 « Et neporquant, se sachiés bien,
« Bien li voudroie resambler;
« Car mult par fu vaillans et ber
« Li rois Embrons, si comme on conte.
« Mais ce que vaut et ce que monte?
6365 « Puisqu'il est mors, ne vaut noient,
« N'i a mais nul recouvrement. »

La roine n'est mie bel
De ce qu'ot dire au damoisel,
Por ce que mort tenoit son fil,
6370 Car de lui croit que ce soit il :   (d)
Ses cuers li dist tost et enorte
Et ses corages li aporte.
Ensi comme il iluec parloient,
Gardent aval, el vergier voient
6375 Ou revenus ert li garous.
A terre ot mis les deux genous
Devant Guillaume et la roine
Et les puceles, ses encline
Mult simplement deus fois la beste,
6380 Puis tient sa voie, ne s'arreste.
La roine voit la merveille
Que la beste li apareille.

6352 sai *manque* — 6371 di dist — 6375 garox — 6376 .ii. — 6378 les e. — 6379 III. *le sens veut* deus *comme on le verra plus loin.*

Forment se prent a merveillier.
« Sire », fait ele au chevalier
6385 Qui lés li siet en la fenestre,
« Por l'amor Dieu, le roi celestre,
« Ceste beste qu'a et que velt,
« Qui nos requiert? de coi se delt?
« Ier nos enclina ensement
6390 « Par une fois, mult simplement,
« Et ore deus. N'est pas doutance
« Que ce ne soit senefiance.....
— Mais c'est tos voirs, icil le gart
« Qui tos les biens done et depart
6395 « Par sa pitié, par sa merci,
« C'ainc si france beste ne vi.
« Si croi qu'ele nos senefie
« Honor et joie et signorie
« Qui nos vendra par tans, je cuit.
6400 « Tot i seront enfin destruit   (f° 130)
« Vostre anemi qui la fors sont.
— Amen », chascune li respont,
« Biax sire, que Diex vos en oie. »
S'il vos plaisoit, or vos diroie
6405 De ceus qui s'en vont desconfit.
Tot ont le roi conté et dit
Tot si com lor est avenu,
Et comme il ont son fil perdu,
Com cil dedens le tienent pris.
6410 A poi li rois n'esrage vis,
Quant la novele lor ot dire.
De mautalent gient et sospire,
Par ire faite a aus regarde.
« E! male gens, » fait il, « couarde,
6415 « Com par vos estes honi tuit
« Et moi avés mort et destruit!
« Moi avés mort et vos honis.

6391 .ii. — 6392 *lacune après ce vers.*

« Comment avint? comment fu pris?
« Par quel raison, par quel outrage
6420 « M'avés vos fait si grant damage?
« De ce que j'avoie en mes mains
« Me faites estre deforains.
« Comment le souffristes a prendre?
« On vos devroit tos a hars pendre,
6425 « Quant il sans vos i est remés. »
Si est li rois sor eus desvés
Ja lor eust grant honte fait,
Quant li baron l'en ont retrait.

Après a dit ireement :
6430 « Qui prist mon fil?—Cil qui tout prent, (*b*)
« Qui tot enmaine et tot ravist.
— Qui est il donc? — C'est cil c'on dist
« Qui le leu porte en son escu.
— Si est de si trés grant vertu?
6435 — Voire. — Comment? — Si est sans doute.
— Dont est li os perie toute
« Et nos tot pris, s'il tex estoit ;
« Mais mal dehait qui vos en croit
« Que uns seus hom ait tel pooir :
6440 « Bien vos a tos honis por voir.
— Honis? non a. — Si a. — Comment?
— Ce ne feroient pas cinq cent
« Que vos dites que uns seus fait.
— A tort nos dites honte et lait.
6445 « Nos ocist il le seneschal
« Que vos teniés por tel vassal,
« Et son neveu et les barons
« Qu'encore gisent es sablons,
« Qui chevauchierent a folie,
6450 « Car il ne se gardoient mie.
— Car ne savoient pas laiens

6444 vos

« Qu'il i eust fors que lor gens,
« Si perdirent par lor desroi.
« Mais, par celui en cui je croi,
6455 « Demain lor mousterrai mon cors
« Et mon pooir et mon effors.
« Et le vassal qui le leu porte,
« Sel puis trover dehors la porte
« Et je le puis tenir ne prendre,
6460 « Devant lor iex le ferai pendre : (c)
« De ce soient il asseur.
« Ja ne seront si fort li mur,
« Les tors hautes ne li terrier,
« Nes face a terre trebuchier
6465 « Et que par force nes en traie.
« Trop ai sofferte lor manaie;
« Or lor ferai chier comperer. »
Il fait son ban par tot crier
Que l'endemain, ains l'ajornee,
6470 Soit toute l'ost bien arisnee,
Que uns tos seus n'en i remaingne
Qui armes port n' espée çaingne.
L'endemain, ains l'ajornement,
Furent armé communement
6475 Et tot issu des tentes fors,
Mult bien apareillié lor cors.
Espandu sont aval les plaingnes :
Bien sont armees les compaingnes.
Par vint conrois sont establi.
6480 Ainc mix apareilliés ne vi
De riches armes, de chevax.
Monté furent li bon vassax ;
Li rois les a bien devisés
Et de bien faire amounestés.
6485 « Baron, » fait il, « venjons l'outrage,
« L'anui, le perte et le damage

6464 Ne — 6472 p. u e. caigne — 6479 .xx. — 6480 apareillie

« Que fait nos ont de nos amis
« Cil qui les ont et mors et pris.
« Mix i voel estre pris et mors.
6490 « Mon fil adamagent son cors;   (d)
« Ne lor puis mix merir ne rendre
« Que d'aus venjance querre et prendre. »
A tant a chevauchier commande.
Mult est la noise fors et grande
6495 Des sons, des cors et del tumulte
Que demainent a lor esmute.
Sonent cil cor et ces araines ;
Quatre grans lieues totes plaines
En puet on bien la noise oir ;
6500 Tote la terre font fremir.
Cil de la vile les entendent,
Tot maintenant les armes prendent.
Armé se sont et fervestu
Et de la vile fors issu.
6505 Li bers Guillaumes est devant,
Qui ses barons va conduisant.
Par dis conrois les a sevrés :
En chascun a set cens armés
Que chevaliers que autre gent.
6510 A tos a dit raisnablement :
« Baron, gardés n'i ait dehait
« Ne riens qui tort a vilain fait.
« De ceste guerre vés la somme.
« Or soiés tot comme preudomme.
6515 « Hui cest jor ceste guerre fine.
« Saciés de voir, c'est vertés fine,
« Li rois nos vient et li os toute,
« Mais ne soiés por ce en doute :
« Se il sont plus, plus perderont ;
6520 « Ja contre nos garant n'aront.   (f° 131)
« Assés avons lor gent veue

6498 .IIII. — 6507 .x. — 6508 .vII°. — 6514 preudome

« Avec la nostre contenue.
« Contre un des nos ont esté vint.
« Onques encor por ce n'avint
6525 « Que nes aions vencus et pris,
« Chacié del champ et desconfis.
« S'avons chaiens de lor vassaus
« Des mix vaillans et des plus haus,
« Meismement le fil le roi.
6530 « Par cele foi qu'a tos vos doi,
« Encor hui puet bien avenir,
« Se Diex le nos velt consentir,
« Par devers nos arons le pere.
« Le fil avons, c'est vertés clere.
6535 « Mais tenés vos sereement
« Et chevauchiés estroitement. »
Le petit pas s'en vont serré;
Mais n'ont gaires avant alé,
Quant de l'ost voient les ensaingnes
6540 Qui aperent parmi les plaingnes,
Les banieres, les gonfanons
Et les grans routes des barons,
Si com l'une vient après l'autre,
Chascuns la lance sor le fautre.
6545 Ensi chevauchent li conroi,
L'uns après l'autre, sans desroi;
De lor armes reluist la terre :
Plus bele gent n'esteust querre.

Quant d'ambes pars s'entrechoisirent,
6550 Onques riens plus n'i atendirent,   (b)
Mais les escus a lor cox pendent,
Poignent et brochent et destendent,
Tote la terre font fremir.
La veissiés a lor venir
6555 Tante anste fraindre et tant escu

6523 .xx. — 6527 vassax

Et tant hauberc maillié menu,
Tant elme a or quasser et fraindre
Et tant vassal a terre empaindre,
Noise lever, espees traire
6560 Et gens entrocire et deffaire,
Testes et poins et piés voler,
L'un mort sor l'autre craventer,
Et la terre de sanc couvrir
Et par le champ destriers fuir,
6565 Resnes routes, seles sanglentes,
Dont gisent mortes les joventes
Dont li cheval les cors fouloient
Qui amenés les i avoient,
Par les presses, a grant dolor.
6570 Li rois d'Espaigne est en l'estor
O ses homes, o son barnage.
De ceus dedens fait grant damage;
Mult se paine del desconfire
Et de l'abatre et de l'ocire,
6575 Car mult les het de grant haine.
D'aus a fait grande descepline,
Qu'a poi que tos nes desconfist.
Li rois s'escrie en haut et dist :
« Ou est, ou est li chevaliers,
6580 « Li orgillox, li fors, li fiers, (c)
« Cil qui le leu en l'escu porte,
« Qui a ma gent ocise et morte ?
« Ou est li leus, quant ne revient ?
« Mais tant redoute, espoir, et crient
6585 « Ces chiens qui gardent ceste proie,
« N'est si hardis que or s'i voie.
« Trop par sera hardie beste,
« S'il contre si fais chiens s'areste
« Com j'ai descouplés ci aval. »
6590 Lors point et broche le cheval

6557 quasse — 6570 ert

Et vait ferir un chevalier,
Un damoisel, fil d'un princier :
Poonciax ot non, de Bisterne;
Parens ert le roi de Palerne.
6595 Desous la boucle l'escu trave
Et le hauberc ront et desclave,
Parmi le pis li met l'enseigne,
Mort le trebuche en la champaigne.
Voit le Geraumes de Melans;
6600 Del jovencel est mult dolans.
Le roi requiert par ire faite ;
Tote sa lance li a fraite,
Sor son escu tele li done,
Li rois s'esprent tos et archone
6605 Del cop qu'il ot si grant eu.
Il trait l'espee par vertu;
Par tel air refiert Geraume
Parmi le comble de son hiaume
Que tot li fent et esquartele
6610 Et parmi outre la cervele (d)
Li met le brant dusqu'en menton.
Mort le trebuche de l'arçon,
Puis fiert Aquilant de Candis.
Onques li hiaumes vers burnis,
6615 Ne la coiffe de fer gemmee
Contre le trenchant de l'espee
Ne li valut un jonc marage
Ne li perce dusqu'el visage,
Si le rabat mort et sans vie.
6620 Ses homes voit, s'enseigne escrie :
« Ferés, baron, vengiés l'outrage
« Que fait nos ont de no barnage. »
Lors va ferant parmi les rens.
Ja porront perdre cil dedens
6625 S'il ne sont tempre secouru.

6595 l'escu *manque* — 6602 i a — 6603 doune — 6607 Giralme

Mais neporquant s'il ont perdu
Mult par lor font comparer chier,
Car del mix d'aus font trebuchier.

Guillaumes est en la grant presse
6630 Ou il ne fine ne ne cesse ;
Martire fait de ceus d'Espaingne.
Tant en ocit, tant en mehaingne,
Tant en abat, tant en adente,
Toute la terre en est sanglente.
6635 N'i a si armé chevalier,
S'il le consieut au brant d'acier,
Jamais sa garison en voie.
Tuit se destornent de sa voie.
Li bers regarde amont sor destre
6640 Et voit descendre aval d'un tertre   (f° 132)
Une partie de sa gent
Qui mult venoient laidement,
Car tot desconfit s'en venoient,
Tot qui ains ains s'en afuioient ;
6645 Voit le roi qui les enchauçoit
Et grant damage d'aus faisoit.
S'il n'ont secors, mar s'i esmurent ;
Mais cil dedens les aperçurent.
Guillaume escrient hautement :
6650 « Sire, que fais ? Secor ta gent.
« Ce sont vostre qui la s'enfuient.
« Oiés com cil dedens les huient.
« C'atens tu, ber ? car te regardes.
« Secor ta gent, por quoi te tardes ?
6655 « C'est li rois en cel destrier sor ;
« N'a garnement ne soit a or. »
Guillaumes l'a bien entendu.
Le roi a bien reconneu.
A grant merveille li anuie,

6626 cil

6660 Quant sa gent voit metre a la fuie ;
Puis regarde parmi ces combles,
Et voit venir fuiant ses homes.
Et quant les voit, por eus secorre
Le destrier broche et laisse corre.
6665 « Palerne, » crie, « chevalier. »
Après poignent tel troi millier,
N'en i a nul qui ja li faille
En fort estor ne en bataille.

Li bers Guillaumes, li vaillans,
6670 Voit et encontre les fuians ; (*b*)
A haute vois li bers lor crie :
« Avoi ! baron, ne fuiés mie.
« Por Dieu, signor, n'aiés peur,
« Mais chascuns ait le cuer seur.
6675 « Guenchissiés ça, tornés vers moi. »
A tant se fiert es gens le roi :
Au brant d'acier qui trenche et taille
La presse ront et esparpaille ;
Les plus grans routes i trespasse.
6680 Mais maint elme i desront et quasse,
Et maint vassal et maint baron
A trebuchié mort el sablon.
Ceus qui fuient fait retorner
Et ceux qui chacent refuser.
6685 Quant cil defors le reconnoissent,
De l'enchaucier plus ne s'angoissent ;
Et quant par sont tuit a l'estor
Et cil dedens meslé as lor,
Lors veissiés de toutes pars
6690 Ferir de lances et de dars,
D'espees nues et de maces,
Des abatus cuevrir les places,
Bataille fort, espoisse et aspre

6666 .III. — 6676 se *manque* — 6692 cueurent

Et l'un ocire et l'autre abatre,
6695 De sanc vermeil la terre taindre,
Les uns morir, les autres plaindre,
Destriers fuir aval la plaingne.
N'est qui un en regart en prengne ;
Trop ont en eus tot a entendre.
6700 Puis que tuit cil seurent entendre (c)
Qui donques erent né, sans faille,
Ne virent si cruel bataille,
Ne si pesme ne si mortal.
Avec le roi ot un vassal
6705 Merveillox et fort et aidable,
Qui fix estoit son connestable ;
S'avoit a non Meliadus.
L'autrier estoit en l'ost venus
Et chevaliers ot amenés
6710 Tos de sa terre estrais et nés
Et les auquans de son lignage.
Quant voit le perte et le damage
Que cil dedens i font des lor,
A poi ne muert de la dolor.
6715 Guillaume voit sor tos aidier,
Sa gent ocire et empirier ;
Jouste lui garde et vit le roi :
« Voiés, sire, com fait desroi
« Fait cil vassax la de vos homes.
6720 « Par foi, se tost nes secouromes,
« Ja seront tuit et mort et pris. »
Li rois respont : « Biax dous amis,
« Vos dites voir ; mar fust il nés.
« C'est li deables, li maufés
6725 « Qui tant m'a fait honte et anui,
« Ne has tant riens com je fac lui.
« Qui vif ou mort le porroit prendre
« Et me peust livrer et rendre,

6698 .1., ne prengne — 6720 secoroumes

« Trestos les jors que mais vivroie
6730 « Son bon et son plaisir feroie. »   (d)
Meliadus le roi entent,
S'enseigne escrie hautement,
Et cil qui o lui sont l'entendent,
Brochent et poignent et destendent ;
6735 Les escus joins devant lor pis
Vont requerre lor anemis ;
En la bataille sont venu,
Sor cex dedens lievent le hu.
A els desrompre mult entendent,
6740 Mais il se rostent et deffendent
Com boune gens et aduree.
La ot feru maint colp d'espee,
Tant escu frait et tante broune
Et trebuchié tante persoune,
6745 Maint elme a or quassé et frait
Et maint baron a mort atrait.
Meliadus vait par l'estor
Enheudissant les siens as lor.
Tant colp i a feru li ber
6750 Que maint des lor en fist verser.
Par son orguel, par son outrage
Vait demander son grant damage,
Car Guillaume vait demandant.
Mais bien vos di, mien esciant,
6755 Mix li venist qu'il l'eslongast
Qu'il le veist ne aprochast,
Si comme orrés ci avant dire.
Cil dedens prendent si grant ire,
Des lor en a un baron mort,
6760 Né de Brandis, sire del port ;   (f° 133)
Del port estoit soie la rente.
Mult fist a plaindre sa jovente,
Car mult estoit vaillans et prous

6744 trebuchier — 6759 .I. — 6760 nes

Et biax et gens et amourous :
6765 Tardans avoit li bers a non.
Atant es vos a esperon
Un sien frere quil vit chair,
Qui de dolor cuide morir.
Dolans ot non, mon essient ;
6770 Adoubés ert nouvelement.
N'avoit mie vint ans passés,
Mult estoit prex et alosés.
Son frere voit enmi la place,
Sor lui descent et si l'embrace ;
6775 Par tot le cors ses mains li maine,
Mais il n'i sent pous ne alaine.
Le sanc voit qui del cors li raie,
L'auberc desrout et la grant plaie
Parmi le pis cruel et male,
6780 Ses biax iex clos et son vis pale
Et l'ame de son cors partie.
Son corps maudit et het sa vie ;
Sa vie het et son cors blasme ;
Sor son frere sovent se pasme.
6785 N'i puet longe demore faire,
Car de la presse le velt traire.
Devant en l'arçon de la sele,
Les iex baisant et la maissele
L'en aporte fors de l'estor,
6790 Desos un arbre, loing des lor   (*b*)
Iluec a mis son frere a terre.
Grignor dolor n'esteust querre
Que sor lui a faite et menee.
A Dieu a l'ame commandee
6795 Que il le gart par sa pitié,
Au cors a pris l'enfes congié ;
A tant s'en part, monte el destrier.
Tot a eslais, por lui vengier,

6767 qui le — 6771 .xx. — 6779 cruex — 6790 .I.

Se rest ferus en la bataille.
6800 Ne li chaut mais quel part il aille
N'i regarde nule mesure,
De sa vie n'a ja mais cure,
Son cors met tot au convenir
Et point et broche par air ;
6805 Vers cex d'Espaigne a le cuer gros.
Maron encontre d'Alidos,
Del brant d'acier l'a si feru
Que dusqu'es dens l'a porfendu.
Mort le trebuche, outre s'en passe,
6810 Enmi la presse les entasse.
Grans cols i fiert, pas ne se faint :
Des lor i fait trebuchier maint ;
Maint en a jus del cheval mis,
Dont li plus sains est si baillis
6815 Ja n'avra mais santé nul jor.
Meliadon voit en l'estor
Qui cex dedens vait si menant,
Dont grevé sont li mix vaillant.
Voit le Dolans, bien le connut.
6820 De quanqu'il puet a lui s'esmut, (c)
Car mult le het de mort amere
Por ce qu'il avoit mort son frere.
Riens nule el mont tant ne desire
Que le vassal peust ocire.

6825 Meliadus le voit venir,
Ne s'en velt pas por lui fuir,
Ançois s'eslaisse contre lui.
Si s'entrefierent ambedui
Des brans d'acier, par tel vigor,
8630 Desor les hiaumes pains a flor
C'anbedoi fraignent et esquassent,
Les coiffes rompent et deslacent.

6825 Quant meliduns

N'i a acier en sanc ne muelle,
Ne nul d'aus deus qui ne s'en duelle.
6835 Meliadus premiers recuevre
Ains que Dolans se puist remuevre :
Del brant d'acier qui trenche et taille
Li a le chief o la ventaille
Fait voler plus lonc d'une toise.
6840 Voit le Guillaumes, mult l'em poise
Des deus freres, des deus amis
Que Melidus avoit ocis.
A mort se tient s'or ne s'en venge.
Parmi la presse a lui desrenge
6845 Ne se met nus enmi sa voie
De cex de l'ost qui de lui joie.
Voie li font et cil s'en vait :
A tot le brant d'acier nu trait
Sa voie aquelt vers Melidon
6850 Et cil regarde le baron. (*d*)
A son escu bien le connoist,
Au leu c'on dist que il portoit.
Voit le vassal et le destrier
Qui si par sont poissant et fier·
6855 Ne l'atendist por nul avoir,
Se de guenchir eust pooir,
Mais puisque faire li estuet.
Vers lui rebroche quanqu'il puet,
Com vassax plains de vasselage :
6860 Plus crient honte que son damage.
L'espee nue en son poing destre,
Par vive force et par poestre
Li vait li bers a esperon ;
Ensamble vienent li baron.
6865 Meliadus fiert si Guillaume
Tot a delivre sor le hiaume,
Que tot li fent et trenche et taille

6834 .II. — 6835 meliaduns — 6841 .ii., .ii. — 6867 tuit

Et la coiffe de fer desmaille.
El chief li fait une grant plaie,
6870 Si que li sans vermax en raie.
Se li cox ne fust si guenchis,
Mien escient ja fust ocis.
Guillaumes voit son sanc raier
Et regarde le chevalier
6875 Qui l'ot feru, dont mult li poise.
Le brant destent, l'espee entoise
Et menbre lui del grant damage
Que li ot fait de son barnage
Dont mult li quist et mult li grieve.
6880 Sor ses estriers s'afiche et lieve ; (f° 134)
Et se li done un colp si grant
Desor le hiaume verdoiant
Que tot li fent et esquartele :
La coiffe ront et desclavele,
6885 Toute la teste en deus li fent.
Li cox encontreval descent,
Qui fu ferus de grant ravine ;
Le pis et tote la poitrine
Li trenche dusqu'en la çainture :
6890 Li cors qui mais ne vit ne dure
Trebuche mors enmi la plaingne.
Quant le regardent cil d'Espaingne
Et Melidon voient morir,
Lors ne sevent que devenir,
6895 Ne sevent mais ou garant querre.
Chascuns vousist estre en sa terre,
Car nul n'i a en toute l'ost
De lui vengier vanter s'en ost,
Tant par redoutent le baron.
6900 Et cil lor vint a esperon,
L'espee traite, o sa compaigne.

6885 .ii. — 6892 espaigne — 6895 mais *manque* — 6897 n'i a *manque*

Tote en fremist li os d'Espaigne :
Tant le criement et tant le doutent.
Que devant lui tot se desroutent.
6905 La noise commence et li cris,
La chace et li abateis.

Li rois les voit bien venir lors,
Ne set ou puist garir son cors.
Ses batailles voit desrouter,
6910 Ses gens fuir sans recouvrer : (b)
Desconfit sont sans recouvrier ;
Del sens cuide vis esragier.
Guillaume voit qui vers lui vient ;
N'est pas merveille s'il le crient,
6915 Car par lui voit sa gent perdue,
L'ost desconfite et desrompue.
S'il a paor, n'est pas merveille.
A ses barons li rois conseille :
« Signor », fait il, « ne sai que faire ;
6920 « N'avons ou nos puissons retraire.
« Desconfite voi nostre gent,
« N'i a mais nul recouvrement ;
« Et si voi ci les lor venir.
« N'i gariroumes por fuir ;
6925 « Ja por fuir n'arons garant
« Ne soions tuit pris en fuiant ;
« Et puis qu'as mains nos pueent prendre,
« Dont nos vient il mix a deffendre.
« Mix voel estre mors a honor
6930 « Que estre pris a deshonor.
« Se cil ert mors qui les conduit,
« Encor porriens garir, je quit.
« Dehait qui prendre se laira,
« Tant com deffendre se porra.
6935 « Metons nos ent en la balance ;
« N'i voi nule autre delivrance.
« Se fuir nos en volions,

« Ne savons quel part irions.
« Ves ci la mer qui nos enclot,
6940 « Et il vienent plus que le trot. (c)
« Or nos metons au convenir;
« S'en face Diex a son plaisir. »
Lors ont les escus embraciés
Et les bons brans forbis sachiés.
6945 Tant que plus pueent li cheval
Poignent et brochent li vassal;
Del tot sont mis au convenir.
Quant Guillaumes les voit venir,
Sa gent les moustre et dit : « Signor,
6950 « Vesci le roi et tot les lor.
« Cuer ont repris, or del bien faire.
« Gardés lor grans orgex lor paire. »
A tant se sont entradrecié,
Mais n'i ont gaires gaaignié
6955 Icil defors, car cil dedens
En abatent mors et sanglens
Sesante et plus de lor compaigne,
Des mix vaillans de cex d'Espaigne.
Les autres ont si acuellis
6960 Que tos les ont et mors et pris
Et tornés a destruction.
Guillaumes fu forment preudom :
Le roi choisi qui s'en fuioit
Parmi un val a grant esploit;
6965 De quanque puet a lui destent,
Palerne crie hautement;
Le roi consieut, sel prent au frain,
Deus cos li doune tot de plain
Del poing armé, o tot le brant,
6970 Desor le hiaume flamboiant; (d)
Sel sache et torne devers lui,
Puis se li crie : « Ne pour hui,

6938 ne serions — 6957 .lx. — 6959 sont — 6964 .I.

« Rois, ne pour hui, vos estes mors.
« Mar arrivastes a nos pors.
6975 « Or nos ferés droit del damage
« Que vos par vostre grant outrage
« Nos avés fait en ceste terre.
« De vos trait hui a fin la guerre
« Que tant jor avés maintenue;
6980 « Or vos sera mult chier vendue. »

De mort a grant paor li rois,
Se li escrie a haute vois :
« Sire, merci, por cel signor
« Qui merci ot del pecheor.
6985 « En ta merci a toi me rent
« A faire ton commandement,
« Ou soit de vivre ou de morir.
« Ci voi ta gent sor moi venir :
« Tuit me heent, n'ont mie tort;
6990 « Forfait lor ai a mult grant tort.
« Por ce vos di, s'or ont laissor,
« Ja m'ociront a deshonor. »
Atant li a son brant rendu ;
Li bers l'a pris et receu.
6995 Après li dist : « N'i morrés mie,
« Puisqu'estes mis en ma baillie,
« Fors qu'a ma dame vos menrai
« Et a li prison vos rendrai
« A faire de vos son talent. »
7000 Ensi li rois a lui se rent.   (f° 135)
Lors fait ses homes traire arriere,
Car ne velt en nule maniere
Qu'en sa prison li facent pis,
Encor soit il lor anemis :
7005 Puis n'i ot nul qui l'aprochast
Ne qui par mal le regardast ;
Ensi li tienent fine pais.
Lassus ens el maistre palais

L'a on ja a la dame dit
7010 Que cil de l'ost sont desconfit :
« Dame, desconfit sont li lor.
« Le roi d'Espaigne, lor signor,
« En amaine en vostre prison
« Li mix vaillans, li plus preudon
7015 « C'on sache en tot le mont por voir.
— Por Dieu, amis, dis me tu voir ? »
Dist au mesage la roine.
« Dame, ce est verités fine ;
« La teste perde se je ment.
7020 — Por Dieu, amis, di me comment;
« S'est li rois pris ? — Voire, sans faille,
« Et desconfite la bataille,
« Et cil de l'ost mort et vencu. »
Onques mais si lie ne fu
7025 La roine, quant li ot dire,
Puis li demande qu'est li sire.
« Biax chers amis, comment a non ?
— Qui, dame, se Guillaumes non,
« Li prex, li hardis et li frans,
7030 « Li debounaires, li vaillans, (*b*)
« La flors des autres et li mestre ?
« Ce ne peust nus autres estre. »
Puis vienent autre messagier,
Serjans, borjois et chevalier
7035 Qui el palais montent amont
Et autretel redit li ont.

Quant la roine ot la nouvele,
Tel joie en a tos li sautele
Li cuers et croist el pis amont
7040 De cex de l'ost qui vencu sont
Et del roi c'on pris li amaine.
Melior lues a li açaine :

7039 li croist

« Ma damoisele, ça venés.
« De vostre ami oir poés
7045 « Noveles, que le roi a pris
« Et cex d'Espaigne desconfis,
« Tote lor gent desbaretee.
« Bele, buer fuissiés onques nee !
« Bien ait la terre dont issistes,
7050 « Dont andoi ça a moi venistes. »
Adont sont tuit laiens entré
Par grans flotes en la cité
Cil qui repairent de l'estor.
Ainc nus ne vit joie grignor
7055 Qu'en la cité mainent et font
De cex de l'ost qui vencu sont.
Lors se traient par lor ostax ;
La descendent de lor chevax
Entre Guillaume et les barons.
7060 Li rois d'Espaigne et les prisons (c)
Devant le maistre tor descendent,
Et li vallet les chevax prendent
Et si les mainent aaisier.
En la place ot maint chevalier,
7065 Barons et princes et marchis :
Chascun a desarmé son vis.
De la maistre sale perrine
Est descendue la roine,
Avec li mainte damoisele.
7070 S'i ert Florete et la pucele
Qui beles erent et vermeilles ;
Colors ont fresches a merveilles,
Les vis apers, chieres roventes.
Ainc ne veistes deus plus gentes,
7075 Dous regars, amorous et gais,
Et les corages fins et vrais.
Em pur les chiés et desliies,

7074 .ii.

Mult erent bien apareillies
De riches draps ouvrés de soie ;
7080 L'une tint l'autre par la doie :
Et avec aus mainte pucele
Et mainte riche damoiselle
Qui avec eles sont venues
Et pas ne se tienent a nues.
7085 Mult mercient le creator
De la grant joie et de l'onor
Que lor a fait par son plaisir.
Quant Guillaumes les voit venir,
Encontre eles s'en va por voir
7090 Por la roine recevoir (d)
Et les puceles ambesdous.
« Dame », fait il, « bien viegniés vous,
« Et toute vostre compaignie.
— Biax sire, cil vos beneie
7095 « Qui sor tos est poissans et fors ;
« Gart et garisse vostre cors
« Si voirement com jel voudroie. »
Par les chiers garnemens de soie
Les prent li bers et par les mains,
7100 Car il n'estoit mie vilains ;
Dusc'as barons les a menees ;
Mais tant i ot gens assamblees
Que mult i ert grande la presse ;
Chascuns del roi veoir s'engresse.
7105 Guillaumes fait les gens partir
Et les dames avant venir.

Li bers par devant ses barons
Le roi d'Espaigne et ses prisons
En sa merci du tot li rent
7110 A faire son commandement :
Del tot em puet son plaisir faire.

7092 vos

La douce dame debounaire
Mon signor Guillaume en mercie,
Jointes ses mains; tant s'umelie,
7115 Ja se fust a ses piés offerte,
Se li bers l'i eust soufferte,
Qui l'en relieve et chose et blasme
Et dist : « Avoi ! ne faites, dame :
« N'est pas raisons. — Sire, por coi ?
7120 — Roine estes et femme a roi   (f° 136)
« Fustes et oirs d'empereor
« Et dame de trés grant valor ;
« Ne vos devés mie abaissier
« Envers un povre soudoier.
7125 — Certes, biax sire chier, si doi.
« Par le signor en cui je croi,
« Ne vos tieng pas por soudoier,
« Mais por signor et por princier,
« Et faites quanques voudrés querre
7130 « De m'ounor tote et de ma terre,
« Si com vos avés deservi.
« Je n'avoie home si hardi
« Qui de çaiens s'osast fors metre,
« Quant Diex vos volt a moi trametre.
7135 « Ains nos deviens chascun jor rendre,
« Quant vos nos venistes deffendre.
« La chose avés puis tant menee
« Que ma guerre m'avés finee,
« C'est roi pris et m'ounor rendue
7140 « Que toute avoie enfin perdue,
« Et de prison rescous nos cors,
« Dont jamais jor ne fuissons fors.
« Si ne s'en doit nus merveillier,
« Se je me voel humeliier
7145 « Vers Dieu et vers vos, biax amis,
« Qui des mains a mes anemis

7124 .I. — 7129 faire — 7135 ainc

« M'as delivré et aus rendus.
« Bien iert li guerredons rendus,
« Se Diex le me velt consentir. »
7150 Enmi la place, par loisir,   (b)
Le roi, les princes desarmerent ;
Sus en la sale les menerent
Qui mult fu grans et bele et large.
Assembler font tot le barnage :
7155 Asseoir font le roi premiers,
Puis les barons et les princiers ;
Oster en font la gent frarine.
Jouste le roi sist la roine ;
Entre Florence et Meliors
7160 S'asist li bers Guillaumes lors.
Quant la noise fu acoisie,
Li rois requiert forment et prie
La roine, se li plaisoit,
Son fil mult volentiers verroit.
7165 La roine a fait son plaisir ;
Au roi a fait son fil venir.
Li rois le fait seoir lés lui :
« Biax fix, » fait il, « a quel anui,
« En quel honte et en quel damage,
7170 « Soumes cheu par vostre outrage !
— Peres, c'est voirs. Mal ait a prendre
« Ou il convient tel gage rendre !
« De nos li avons fait douaire,
« Si em puet tot son plaisir faire.
7175 « Moilliers a prendre ait mal dehé
« C'on prent outre sa volenté !
« Quant on par son voloir la prent
« Et par le los de l'autre gent,
« Et on li fait au mix c'on puet,
7180 « N'en a on pas ce qu'en estuet.   (c)
« Cesti cuidai par force avoir,

7154 asseoir — 7176 fait outre

« Or em puet faire son voloir
« De nos et de tote no terre ;
« Il n'i a fors de merci querre.
7185 « Por Dieu, qu'ele ait de nos merci !
« Vés les barons ensamble ci,
« Vés la Guillaume lor signor,
« Proiés la dame, proiés lor :
« Sachiés que de nos volroit faire
7190 « Ne a quel chief em porrons traire. »

Li rois commence sa raison;
Trés bien l'entendent li baron :
« Dame, » dist-il, « s'il vos plaisoit,
« Et vostre consaus l'aportoit,
7195 « Mult volentiers feroie plait
« Que j'amendasse le meffait
« Que jou ai fait ; sel volés prendre,
« Tos sui près del damage rendre,
« Tel comme le savront proisier
7200 « Clerc et borjois et chevalier,
« Qui avenus soit por la guerre ;
« Et si tenrai de vos ma terre
« C'ainc mais ne ting de nul signor,
« Fors seulement du creator. »
7205 Endementiers qu'ensi parloient
Et que tel plait a faire offroient,
Atant es vos que li garous
Parmi la sale, voiant tous,
Trés devant le roi s'agenoille,
7210 De lermes tot les piés li moille.   (d)
A ses deus poes prent son pié,
Estroitement l'a embracié ;
Ensement par samblant l'opose
Con le proiast d'aucune chose.
7215 A tant s'en part et puis l'encline

7207 garox — 7211 .ii. — 7214 laprouast

14

Et puis Guillaume et la roine
Et les puceles ensement.
De totes pars saillent la gent;
As lances corent et as dars,
7220 Prendent guisarmes et faussars ;
Après le leu est grans li cris.
Ja fust de totes pars ocis,
Quant li bers Guillaumes saut sus
Et jure Dieu et ses vertus,
7225 Se nul i a qui mal li face,
Ja n'iert tex hon, trés bien le sace,
N'en prenge de son cors venjance.
Tuit l'ont laissié por la cremance.
Li leus s'en fuit et tint sa voie
7230 Et Guillaume après lui envoie.
Par la cité a fait crier,
A tos deffendre et deveer,
Si com chascuns a chier sa teste,
Que mal ne facent a la beste ;
7235 Seurement voist et reviegne
Et chascuns bone pais li tiegne.
Puis que li bans fu entendus,
Bien fu gardés et bien tenus.
Or puet aler seurement
7240 La beste tot a son talent ;   (f° 137)
Seurement viegne et revoist,
Ne trouvera qui l'en desvoit.

Par le pais tuit s'esmerveillent,
Tuit en parolent et conseillent.
7245 ·Toute la gens est esmeue
De la merveille c'ont veue;
Mais li rois plus s'esmerveilloit
Que nus des autres ne faisoit,
Car d'une chose li ramenbre

7226 sache — 7232 deuee

7250 C'ainc ne volt a nului entendre :
De son cher fil li ramenbroit
Et dist que leus garox estoit
Par les caraudes sa moillier
Qui puis le dut comperer chier.
7255 Ainc n'en volt croire home qui fust ;
Or s'en repent, se il peust.
Cels en croit ore et het celi
Qui tel avoit son fil bailli.
Guillaumes quant voit l'acointance
7260 Qu'a fait li leus par demoustrance
Le roi d'Espaigne et son samblant,
Ne laira pas ne li demant.
Acoisier a fait le murmure ;
Le roi apele et sel conjure
7265 Que foi qu'il doit le creator,
Ne se jamais velt a nul jor
Qu'a la roine face plait
Ne de lui nule merci ait,
S'il set por voir, que il li die
7270 Que cele beste senefie,   (b)
Tot son penser, quanqu'il en croit,
Ce qu'il cuide que il en soit,
S'il le connoist, ne mais le vit.
Li rois respont et si a dit :
7275 « Sire, par tos les sains qui sont
« Ne par le roi qui fist le mont,
« Je t'aim et pris et criem et croi.
« Ne sai qu'il avenra de moi,
« Mais por manace ne por doute
7280 « Ne lairai ne te die toute
« La verité et ma pensee,
« Si com je cuit la chose alee.
« Jadis quant fui de grant barnage,
« Si pris moillier de haut parage,
7285 « Gentil et france et aumosniere.
« Mult par l'amai de grant maniere,

« De Gascoigne ert fille le roi.
« Avint qu'ençainte fut de moi ;
« Et quant ce vint a son termine
7290 « Que dut enfanter la roine,
« Morte fu de la delivrure.
« Diex en gari la porteure :
« Un fil en oi ; mien essient,
« Onques nus hom ne vit plus gent
7295 « Ne plus apert ne miex formé :
« Merveilles fu de grant biauté.
« Souentre moi mon non li mirent
« Cil qui l'enfant crestiien firent.
« Alphons par son non l'apelerent,
7300 « Quant d'eve froide le geterent. (c)
« Norrir le fis bien près d'un an.
« En cel termine et en cel an
« Dont je vos dis repris oissor,
« Une dame de grant valor,
7305 « Sage a merveille et bien letree
« Et de roial lignie nee.
« Icest danzel me dona Diex
« Que vos veés devant vos iex.
« Quant ma moillier vit son fil né,
7310 « N'ot pas le mien en grant cherté :
« Vit se mes fix ainsnés vivoit
« Li siens pas regne ne tenroit.
« Tant fist ses cors et ses puisons,
« Caraudes et conjurisons
7315 « Que leus garox mes fix devint ;
« Ainc plus ne seuc que il devint.
« Ensi me disent mi lige home,
« Li mix vaillant et plus preudome,
« Mais ainc n'en vol un tot seul croire,
7320 « Car ma moiller me fist acroire
« Qu'il le disoient par envie

7288 Ains que, fust — 7297 mistrent — 7305 a *manque* — 7319 voil

« Com cil qui ne l'amoient mie,
« Ains dist noiés ert en la mer.
« Ainques nus hom nel pot trover.
7325 « Querre le fis après maint jor
« Et demenai mult grant dolor,
« Que tout me deçut et trahi.
« Ensi com vos avés oi
« Perdi mon fil par ma moiller.
7330 « Par tos les sains c'on doit proier, (d)
« Cil leus qui or fu ci a nous,
« Qui tel samblant fist moi et vous
« Devant trestoute nostre gent,
« Ne vit nus hom n'ait essient,
7335 « Ne nus oster ne me porroit
« Que ce nule autre beste soit
« Que mes fix Alphons, li perdus.
« Or est a moi ci revenus
« Por merci querre et por proier
7340 « Que le venge de ma moillier. »
Guillaumes dist qui mult s'esjot
De ce c'au roi dire li ot :
« Biax sire, par le roi celestre,
« Verités est, ensi puet estre ;
7345 « Autant a il sens et memore
« Com j'ai ou plus, et plus encore.
« Se le m'a en maint lieu moustré,
« Car de maint peril m'a geté
« Ou fuisse en fin ocis et mors
7350 « Se Diex ne fust et li siens cors.
« Tant com mon cors amer le doi,
« Et jo si fais en bone foi :
« Ne li faudrai de riens qu'il voelle,
« Qui que s'en plaigne ne s'en doelle ;
7355 « Ne li faudrai nes que mon frere.
« Se voirs est que soiés ses pere,

7354 duelle

« N'avés pas receu grant perte ;
« Ains vos est grans joie aouverte,
« S'il en forme d'ome repaire.
7360 « Et sachiés bien il l'estuet faire, (f° 138)
« Que de prison jamais n'istrés,
« Se par lui n'estes delivrés :
« A lui tient vostre delivrance.
« Or tost, sans point de demorance,
7365 « Mandés la dame qu'ele viegne,
« Que nus essoines ne le tiegne,
« Ne laist por riens ne viegne tost,
« Ou se ce non, a tote m'ost,
« Par tos les sains qui sont a Romme,
7370 « Iroie a force por la domme,
« Et tot le regne destruiroie :
« Vousist ou non l'en amenroie. »
Li rois, cui plaist li envoiers,
Li dist : « Biau sire, volentiers.
7375 « Ice me plaist mult et agree
« Que la roine soit mandee,
« Que se li leus mes fix repaire,
« Que la caraude puist deffaire.
« Si m'ait Diex, ainc n'oi tel joie
7380 « Que se mon chier enfant avoie.
« Mais par le foi que je vos doi
« Ne puis veoir qui g'i envoi,
« Se vos ne souffrés que mi home
« En ma terre aillent por la domme.
7385 « Boin est que on les i envoit,
« Por ce que mix les en querroit.
« Bien les en querra la roine,
« Se il li dient le convine,
« Tot si com nos est avenu,
7390 « Com sommes pris et retenu. » (b)
Guillaumes respondi au roi :

7369 roume — 7382 Ne vos v. que — 7333 Se ne vos s.

« En non Dieu, sire, je l'otroi.
« Bien voel tex gens i trametés
« Que ele croie et vos creés. »
7395 Ensi fu cil consaus creus.
Li rois se haste ne puet plus :
Maintenant fait ses briés escrire
Et seeler et metre en cire.
Ses homes prent et ses messages,
7400 Des plus vaillans et des plus sages
Et que plus tient a ses amis.
Ses briés lor baille et ses escris,
Ses apele mult doucement :
« Baron, por Dieu omnipotent,
7405 « Aler vos estuet en ma terre
« Por nostre delivrance querre.
« Dites bien ma moiller Brandain,
« Se jamais veut ne sauf ne sain
« Moi reveoir ne son chier fil,
7410 « N'i gart ne paine ne peril
« Ne nos viegne tost delivrer.
« Et s'ele voloit refuser
« Que n'i venist, dites li bien
« Ce ne li vaudroit nule rien.
7415 « Cil qui nos tient la l'iroit querre
« Et gasteroit tote sa terre;
« A force le metroit en fin
« Et nos metroit a male fin.
« Dites li bien, ne li celés :
7420 « En Palerne est mes fix trovés   (c)
« Dont ele a croire me faisoit
« C'au port de mer noiés estoit.
« Garnie viegne de garir,
« Que le face home devenir. »
7425 Et cil dient bien le feront.
Plorant au departir s'en vont,
Montent es muls amblans d'Espaigne.

7427 .I.

Cinquante sont en lor compaigne,
Haus princes de grans tenemens.
7430 Grant harnois mainent et grans gens,
Mais ne vos sai mie conter
Lor errement ne lor aler,
Ne les viles ou herbergierent.
Tant alerent, tant chevauchierent
7435 C'au disme jor sont la venu
Ou la roine Brande fu.
Une cité mult bien seant,
Riche et plentive, bele et grant ;
Sor la mer siet en un tolon :
7440 Carmans ot la cités a non.
Li messagier sont ens entré,
Chevauchant vont par la cité ;
Mult i a gens quis reconnoissent.
Après eus keurent et angoissent
7445 Por les noveles qu'il lor dient ;
Mais cil ne tardent ne detrient,
N'ome ne feme n'i entendent :
Dusc'au palais mie n'atendent ;
En la place sont descendu.
7450 Tos les degrés de l'arc volu   (d)
Montent el palais contremont,
Ou la roine et les gens sont.
Entre ses homes l'ont trouvee ;
De par le roi l'ont saluee
7455 Et de par son fil ensement.
Tant i a près venu de gent
Que li palais est tos emplis
Por demander de lor amis.
La roine vit les barons,
7460 Bien les connut et sot lor nons.
Contre aus s'est la dame drecie,
Mult les rechut joians et lie :

7432 de l.—7439 .I.— 7442 vont *manque*— 7450 Sos — 7457 tosamis

'Par devant li les fait seoir,
La noise a faite remanoir ;
7465 Par lor samblant tel chose enorte
Dont ele mult se desconforte ;
Ensamble o li les aviroune,
Mult doucement les arraisoune :
« Baron, por Dieu, que fait me sire?
7470 « Que fait mes fix qui tient l'empire ?
« Que fait li os? que font nostre home?
« C'a fait me sire de la domme ?
« L'a il par sa force conquise?
« A la pucele mes fix prise?
7475 « Tient il le regne ? en est il rois ? »
Et cil respondent demanois :
« Dame, n'i a nule celee ;
« Autrement est la chose alee.
« Tot quanque d'aus quidames faire
7480 « Nos est retorné a contraire.   (f° 139)
« Tot avions pris viles et bors,
« Chastiax, cités, donjons et tors
« Et tote la terre conquise
« Et la dame en Palerne assise ;
7485 « Ne savoit mais de coi deffendre,
« Ains se voloit chascun jor rendre,
« Sauve sa fille et sauf son cors ;
« Nule autre riens ne metoit fors
« Et gerpissoit tot son roiame,
7490 « Quant uns secors vint a la dame :
« Uns chevaliers de tel vaillance,
« N'est nus hom de sa sapience.
« Icil a nostre gent vencue
« Et l'ost matee et confondue,
7495 « Si nos a mort le seneschal
« Et son neveu le bon vassal ;
« Si nos rocist le connestable

7473 Al il — 7475 en *manque* — 7494 Et lot

« Et maint autre baron aidable ;
« Le roi a pris et vostre fil.
7500 « Ja n'isteront mais de peril,
« Se n'i alés. — Signor, por coi ?
— Nos veismes devant le roi
« Venir un leu mirabillous.
« En mi la sale, voiant tous,
7505 « Par devant lui s'agenoilla,
« Le pié, le jambe li baisa,
« Puis l'enclina mult humlement
« Au departir et l'autre gent.
« A son sanblant paroit trés bien
7510 « Quel requeroit d'aucune rien. (b)
« Le roi en a on conjuré
« Qu'il en desist la verité,
« Et il lor dist que Anphos fu,
« Ses aisnés fix qu'il ot perdu.
7515 « Vos le feistes leu devenir ;
« Por ce vos i estuet venir.
« Se n'i venés, vos serés prise ;
« De vos fera mult grant justise :
« Et por ce c'on mix nos en croie,
7520 « Vesci letres qu'il vos envoie. »
Cele les prent et fraint la cire.
Bien sot que la letre velt dire :
De chief en chief a esgardé ;
Tot si comme on li ot conté
7525 Voit et le perte et la dolor
Son fil reçoivre et son signor
Et les barons et tote l'ost.
Ces noveles orent mult tost
Les gens de la terre seues.
7530 Mult i ot dont paumes batues,
Barbes tirees, chevex trais :
Grans fu li dex qui en fu fais.

7507 lencline — 7510 Quil — 7525 *le premier* et *manque*

La roine pas ne sejorne,
Son oirre apareille et atorne.
7535 Bien a porquis son estavoir;
Quanque mestier li puet avoir
A fait porter, lors est montee;
Tote sa gent s'est arroutee.
Ne va pas escariement,
7540 Mais atot grant plenté de gent, (c)
De puceles, de chevaliers
Et de serjans et d'escuiers.
Congié a pris a cex del raine :
A tant s'em part sa gent demaine;
7545 Chascun jor chevauchent a tire.
Ne vos puis mie tout redire
Com le fisent et esploitierent,
Ne les ostex ou herbergierent;
Les jornees que il ont faites
7550 Ne vos ierent par moi retraites.
Tant ont le droit chemin tenu
Que en Palerne sont venu;
En la vile est la dame entree.
De la gent fu mult esgardee
7555 Et la route forment proisie,
Car mult vient bien apareillie.
Mult l'esgardent li chevalier
Et li baron et li princier,
Dames, puceles et borjois.
7560 Tant font ambler les palefrois
Que venu sont devant la sale.
Encontre lui grans gens avale,
Li rois, ses fix et li prison
Et la roine et li baron.
7565 Devant les autres vint a li
Guillaumes qui la descendi;
Li bers mult honerablement

7537 A fait monter — 7546 tour

L'a receue et l'autre gent ;
Et li rois d'Espaigne et ses fiex,
7570 De larmes tos moilliés ses iex, (d)
Ont la dame mult conjoie,
Et sa gent tote et sa maisnie
Et les barons de la contree.
Et mainte larme i a ploree
7575 La roine de la dolor
De son fil et de son signor
Et des princes et des chasés
Que voit en fers enchaenés.
Puis adestrerent la roine
7580 En la grant sale marberine.
Guillaumes d'une part la tint ;
Tote la gens la après vint
Que tote en est la sale plaine.
Guillaumes les barons del raine
7585 D'une part fait el palais traire,
La guerre d'aus et d'aus deffaire ;
Lor gent fait asseoir après
De renc en renc par le palès.
Le roi et son fil et s'oissor
7590 A fait seoir et li grignor.
De sor un paile de Bisterne
Sist la roine de Palerne ;
Ele et sa fille et Meliors
D'autre part sont assises lors.
7595 Guillaumes fu enmi la sale ;
N'avoit mie la chiere pale,
Mais bien aperte et bien formee,
La face tendre et couloree,
Le cors furni, bien fait et gent.
7600 Bien li sieent si garniment ; (f° 140)
Em pur le cors fu defublés.
De mult de gens fu esgardés,

7569 fix — 7573 des b. — 7575 De la r. — 7586 et d'aus *manque*

Car mult resambloit bien baron.
Cil qui virent le roi Embron
7605 Endementiers que il vivoit
Dient que bien li resambloit :
Ensi disoient mult de gent.
Mais or oiés de l'errement
Del leu qui la chose a seue
7610 Que la roine estoit venue,
Sa marrastre que tant haoit.
En une chambre se gisoit ;
Car puis que li messagier murent
Dusc'adont que repairié furent
7615 O la roine en la cité,
N'avoit fors el palais esté ;
Ains fu autresi faitement
Emprisonés entre la gent
Comme s'il fust entr'ex norris.
7620 Devant Guillaume estoit ses lis
Ens en la chambre, o le baron.
Si sont et per et compaignon
Ne s'entr'eslongent nuit et jor ;
Et il son frere et son signor
7625 A tos por son ami gerpi.
Quant le palais ot estormi
Et le tumulte de la gent,
De la chambre ist isnelement ;
Vient en la sale qui fu large
7630 Ou voit seoir tot le barnage, (b)
Les dus, les contes, les marchis,
Le roi et ceus de son pais,
Sa marrastre et son pere ensamble.
De mautalent li cuers li tramble,
7635 Quant del tot l'a reconneue.
Les iex roeille et la veue ;
N'i fait plus longe demoree

7624 il *manque* — 7626 ont

Tot a eslais, goule baee,
Laisse corre por li aerdre.
7640 Ja peust bien la dame perdre,
S'on li meist au convenir ;
Mais ele voit le leu venir :
De quanque puet a vois s'escrie :
« Aidiés, aidiés, sainte Marie ,
7645 « Ou ja morrai a deshonor.
« Gardés mon cors hui en cest jor. »
Li rois li saut et ne sai quant,
Li bers Guillaumes tot devant,
Qui le retint, estroit l'acole,
7650 Mult doucement a li parole :
« Li miens amis, » ce dist li ber,
« Del tout te pues en moi fier :
« Fier t'i pues comme en ton frere
« Et com se doit li fix du pere.
7655 « Soit de folie ou de savoir
« Ne te faudrai por nul avoir ;
« Mais or m'enten, toie merci :
« Ceste dame ai mandee ci,
« Mandee l'ai por toi garir,
7660 « Por ce l'ai fait ici venir : (c)
« Si vos dirai par quel conduit.
« Bien le sache la dame et tuit :
« Se ne te met en garison,
« Arsse ert en fu et en carbon
7665 « Et la poudre getee au vent.
« Le roi et son fil ensement
« Et lor barons et tos lor homes
« Que por la guerre pris avomes
« Metrai gesir en tele mue
7670 « C'onques n'i fu clartés veue :
« Il en morront a grant dolor. »
Le leus regarde le signor ;
De ce qu'il dit maine grant joie,

7668 avoumes

Par signe et par samblant l'otroie,
7675 Si que les piés andeus li baise.
Or fu mult la roine a aise,
Quant voit la beste humeliier.
Si l'en a pris a araisnier,
Mult humlement, que mult est sage,
7680 Oiant le roi et son barnage.

« Biax sire Anphons », dit la roine,
« Avec moi ai ci la mecine
« Dont vos serés trestos garis.
« Damoisiax, sire, chiers amis,
7685 « Bien sai sans faille ce es tu :
« Bien t'ai del tot reconneu.
« Ci sui por toi garir venue
« Et toi geter de ceste mue
« Qui tant longement t'a covert.
7690 « Mais or verrons tot en apert, (d)
« Ançois que je fenisse m'uevre,
« Quel beste ceste piax acuevre.
« Voirs est, ne le voel mais celer,
« Que por mon fil aireter
7695 « Et toi tolir ton signorage
« Te fis fuir com leus boscage.
« Diex ne te velt laissier perir ;
« Revenus es par son plaisir.
« De cest meffait merci te proi
7700 « Ci devant ton pere le roi ;
« S'en proi ces dames, ces barons,
« C'aie vo pais, biau sire Anphons :
« Amerai vos de bone amor
« Et servirai com mon signor,
7705 « Ne jamais tant com je vivrai
« Vers vos de riens ne mesprendrai.
« Por cest meffait te proi pardon,

7675 Se — 7676 mult *manque* — 7690 venrons

« S'en proi meisme cest baron
« Qui si t'estraint par grant douçor
7710 « Que le faces por soie amor ;
« Por lui feriés plus, ce me samble,
« Que por tos ces autres ensamble.
« Or fai de moi a ton talent:
« Del tot en ta merci me rent. »
7715 Lors s'est a ses piés adounee.
Diex ! tante larme i ot ploree
D'amor, de tendror, de pitié !
Guillaume li a tant proié,
Li rois et li autre preudome,
7720 Et la pucele avec la dome,   (*f*º 141)
Que tot pardone la roine
Son mal talent et sa haine,
Et a tos boinement l'otroie.
Lors ot aval la sale joie
7725 Pleniere et merveilleuse et grande ;
Et la roine, dame Brande,
N'i veut metre plus lonc sejor.
En une chambre painte a flor
. . . .
7730 N'i ot que li et lui tot sol.
Adont a trait un anel d'or
Qui plus valoit d'un grant tresor,
Que la pierre si boine estoit
Cil qui l'anel sor lui avoit
7735 Jamais ne fust ensorcerés,
Ne engigniés ne enganés,
Ne de venin ne de puison
Nel peust ja grever nus hom,
Jeter de plait ne forvoier,
7740 Ne fortraire de sa moiller ;
Ne qui le voit ja en cel jor
Ne puet descroistre de s'ounor.

7708 poi — 7718 Guillaume ont tant pr. — 7720 p. et la domme

L'anel qui fu de tel vertu
Li a la dame au col pendu
7745 A un filet vermeil de soie.
Mult en maine li leus grant joie
De ce que la dame li fait.
Dont a la dame un livre trait;
Tant a porlit et conjuré,
7750 La vassal a deffaituré
Et tot remis en sa samblance. (*b*)
Cil qui senti sa delivrance,
Quant il s'escoust s'est devenus
Li plus biax hom, mais tos fu nus,
7755 Qui adont fust, mien essient,
Fors Guillaume tant seulement;
N'en sai fors lui plus metre fors.
Cil voit son samblant et son cors
Qui tous sans dras et nus estoit,
7760 Et devant lui la dame voit;
Tel honte en a tos en tressue.
La dame en est toute esperdue,
A li l'apele, se li dist :
« Sire, por Dieu qui tos nos fist,
7765 « Ne te vergoigne pas de moi
« Se je tot nu, sans dras, te voi :
« N'a ci se nos seulement non.
« Ne voi en toi riens se bien non
« Ne chose qui estre n'i doie.
7770 « Vois la desous cel drap de soie
« Un baing tempré, gent et bien fait.
« Bien sai, biau sire, s'il vos plaist,
« Que chevaliers onques ne fustes,
« N'adous ne garnemens n'eustes;
7775 « Hui les arés a tele honor
« Comme il convient a tel signor. »
Lors a deffublé son mantel;

7745 .1. — 7747 .1. — 7771 .1.

Sel met au col au damoisel,
Jusqu'a la cuve l'a mené.
7780 Le baing trueve chaut et tempré;
Ens est entrés, et la roine   (c)
Li fu chamberiere et meschine.
Le mantel prent et si demande :
« Sire », fait la roine Brande,
7785 « De cui vels prendre tes adous ?
— Dame, foi que je doi a vous,
« Del plus haut home de çaiens
« Voel recevoir mes garnemens;
« D'autrui ne voel estre adobés :
7790 « Alés por lui, si l'amenés.
— Est ce li rois, tes peres chiers ?
— Non, dame, mais li chevaliers
« Qui hui vos garandi de moi.
— Est ce dont cil ? — Oïl, par foi ;
7795 « Si n'a çaiens nul si haut home,
« Ma dame, non jusques a Rome
« N'i sai un seul plus haut de lui,
« Moi ne mon pere ne autrui,
« De parenté et de lignage. »
7800 La dame fu viseuse et sage ;
De la chambre s'en est issue,
Droit au baron en est venue.
A li le trait et si demande :
« « Sire », fait la roine Brande,
7805 « Uns garnemens voel et demant
« Qui soient riche et avenant,
« Tiex comme estuet a fil a roi;
« Et si m'a ci tramis a toi
« Li garox, que veigniés a lui
7810 « Tot sans compaignie d'autrui,
« Fors Melior et Florencien,   (d)
« S'il vos plaist : celes velt il bien,

7787 hom — 7796 roume — 7797 .I.

« Mais plus de gens n'i amenés. »
Au col li a ses bras jetés
7815 Guillaumes, quant ot la parole ;
De joie le baise et acole.
Ce dist li bers : « Suers, doce amie,
« Por Dieu, ne me celés vos mie,
« Est ce voirs que il dras demant ?
7820 — Oïl, biax sire, maintenant :
« Tenés, ma foi je vos plevis.
— Diex, » dist li bers, « or sui garis,
« Quant or ravrai mon compaignon :
« Ne demandoie se lui non. »
7825 Mult en a grant joie menee :
« Dame », fait il, « buer fustes nee,
« Buer venistes en ceste terre ;
« Par vos ert fins de ceste guerre. »
La roine de Puille maine
7830 Grant joie et l'autre gent vilaine.
Ne font mie lonc parlement :
Apresté sont li garnement,
Merveilles riche et bon et bel,
D'un siglaton frés et novel,
7835 Vert, a crois d'or estincelé,
D'un blanc hermine tot forré ;
Et quanqu'estuet a chevalier
Por bel son cors apareillier
Par un vallet porter li font,
7840 Et il tot quatre après s'en vont.
Li autre sont en grant desir (f° 142)
Que le vallet puissent veir.

A tant sont venu en la chambre
Qui painte fu et faite a lambre
7845 A riches pieres, a esmaus.
Les puceles et li vassaus

7839 .I. — 7840 .IIII. — 7844 a ambre

Voient le baing encortiné.
Par d'autre part ont esgardé,
El lit choisisent le dansel ;
7850 Onques ne virent nul plus bel,
Si com lor samble et vis lor fu,
Mais ne l'ont pas reconneu
Et ne porquant salué l'ont ;
Et li damoisiax lor respont :
7855 « Biax sire, Dieu vos beneie
« Et cele bele compaignie
« Qu'ensamble o vos ci amenés.
« Bien sai que pas ne m'avisés.
« Sire Guillaume », dist Amphons,
7860 « Or sui ici en tes maisons.
« Porter me devroies honor,
« Car je vos ai servi maint jor :
« Por vos ai eu mains ahans,
« Perix et maus et paors grans.
7865 « De maint peril vos ai estors
« Ou vos fuissiés et pris et mors,
« Se je ne fuisse et Diex avant.
« Or m'en faites petit samblant,
« Mais ne me connissiés, puet estre,
7870 « Car mult ai puis mué mon estre
« Et ma samblance et tos mes fais,   (b)
« Puis que ne me veistes mais. »
Sire Guillaumes respondi :
« Voirs est c'onques mais ne vos vi.
7875 — Si avés fait, je le sai bien.
— Il ne m'en puet menbrer de rien
« Que jou onques mais vos veisse.
« Mais se Diex vostre cors garisse,
« Dites nos donc qui estes vos ?
7880 — Certes, biau sire, li garox
« Qui por vos a maintes jornees

7867 je *manque*

« Et maintes peines endurees. »

Quant Guillaumes ot la parole,
Vers lui s'aproche et si l'acole
7885 Par tel amor, par tel samblant
Comme la mere son enfant ;
Les iex li baise et le menton.
Onques tel joie ne vit on
Comme il demainent du vassal,
7890 Car Meliors tot par ingal
Li a au col ses deus bras mis ;
Et la pucele o le cler vis,
Florence, qui s'est traite arriere,
S'esmerveilloit de grant maniere
7895 De la joie que sor lui font.
Por vergoigne ses iex repont
Sos son mantel, mais la roine
Voit son afaire et son couvine ;
Mult amiablement l'apele :
7900 « Florence, douce damoisele,
« De ce que vois n'aie vergoigne, (c)
« Ne t'en retrai, ne t'en esloigne.
« S'ounor li font, faire li doivent ;
« Sachiés que pas ne s'en deçoivent.
7905 « Alomes i et je et toi,
« Si honerons le fil le roi. »
A itant sont venu au lit,
Et la roine lor a dit :
« Amis Guillaumes, droit avés
7910 « Se de lui joie demenés,
« Car maint mestier vos a eu,
« Com j'ai apris et entendu.
« S'or estoit a vostre plaisir,
« Tans esteroit de lui vestir,
7915 « D'acesmer et d'apareillier,

7884 ver — 7891 .ii. — 7902 eslogne

« Car mult en est en desirier
« Li pueples qui la hors l'atent,
« Li rois ses pere et l'autre gent.
« Vesci les garnemens, prest sont.
7920 — Dame », Guillaumes li respont,
« Vos dites bien, or donc du faire.
« Que vostre biax ators i paire ;
« Qu'il soit atornés en tel guise,
« Por tel samblant et par devise,
7925 « Que n'en soions de riens repris. »
A tant les garnemens ont pris.
Chemise et braies deliies
Li ont vestues et chaucies ;
Les chauces sont d'un paile chier
7930 Qui bien sisent a chevalier;
Puis li vestent un siglaton :   (d)
Ainc plus riche ne vit nus hon.
Les puceles as cor deugiés
Li ont les deus biax bras laciés ;
7935 Puis s'est dreciés en son estage.
Gent ot le cors et le visage,
Les chevox blons et bien crespis,
Drois les menbres et bien fornis.
La roine li trait d'un coffre
7940 Une çainture, se li offre,
A menbres d'or merveilles riche.
Li bers le çaint et puis s'afiche
D'un fremail d'or merveilles bel.
Au col li metent un mantel
7945 Qui mult li sist et bel et gent,
Et tot si autre garnement.
Quant del tout l'ont bien atillié
Et richement apareillié,
C'on n'i seust riens qu'amander,
7950 Au vallet font l'uis deffermer

7928 vestue — 7934 .II. — 7947 l'ont *manque*

Qui laiens ert por lui servir,
Et il en fait tot lor plaisir.
L'uis a ouvert tost et manois,
Puis s'entreprendent par les dois :
7955 Fors de la chambre sont issu,
Tot main a main entretenu ;
Et quant il el palais entrerent,
Tote la gent contre eus leverent.
Li rois connut son fil Amphons.
7960 Ainc si grant joie ne fist hons
Com sor le cors de lui demaine. (f° 143)
Ses frere et tot cil de foraine
Et li autre par le palais,
Ainc si grant joie ne fu mais
7965 Com cil demainent environ
De la venue du baron.

La dame de Puille ert mult lie,
Car mult l'avoit Diex enseignie,
Et mult grant merveille a eue
7970 De la chose qu'a si veue ;
Puis a faite le gent seoir
Por le tumulte remanoir.
Lors s'asisent li chevalier
Et li baron et li princier.
7975 Desor un paile de Bisterne
Sist la roine de Palerne,
Lés li Florence la romaingne,
Avec la roine d'Espaingne.
Dejoste Amphons Guillaumes sist,
7980 Qui mult l'acole et conjoist ;
Ses pere et ses frere ambedui
D'autre part sisent jouste lui.

Quant asise fu la maisnie

7975 .I. — 7979 Amphous

Et la noise fu abaissie,
7985 Li rois parla premierement
Devant les princes et la gent.
Mult doucement son fil apele
Et se li baise la maissele :
« Biax fix Amphons », ce dist li rois,
7990 « Diex de la soie sainte crois
« Soit aourés et graciiés, (*b*)
« Fix, c'a moi estes repairiés.
« Onques mais n'oi au cuer tel joie
« Com j'ai eu en ceste voie.
7995 « Aourés soit Diex premerains
« Et tot si angle et tot ses sains
« De ce que ving en cest pais.
« Ves les barons de nos pais :
« Tos nos a pris et tient en serre
8000 « La roine de ceste terre.
« Ja n'en fuissons mais issu fors,
« Se Diex ne fust et li tiens cors.
« Mais si comme est dit et parlé,
« Par toi seromes delivré.
8005 « S'en merci Dieu et sa vertu
« De ce que m'a ton cors rendu.
« Revenus es, Dieu en aor
« Le glorios, nostre signor.
« Or ai, fix, mestier de t'aie.
8010 — Pere », fait il, « n'i faudrés mie.
« Ne vos anuit, mais or me dites
« Comment ne por coi ça venistes.
« Que quesistes en ceste terre ?
« Por que meustes ceste guerre ?
8015 « Que demandastes ceste dame ?
« Que quesistes en cest roiame ?
« Por que l'avés si mal menee

7985 le roi — 7996 *le second* tot *manque* — 7997 venistes — 8001 issir — 8816 roialme

« Ne sa terre arse ne gastee ?
— Fix, par ma foi, par nostre outrage
8020 « Venismes querre un mariage
« De sa fille que je queroie (c)
« C'à ues ton frere avoir voloie ;
« Del tot en tot nos escondi.
« Mandai ma gent et ving sor li ;
8025 « Tote sa terre li tousimes,
« Çaiens a force l'aseismes.
« N'avoit chevalier si vaillant
« Si hardi ne si combatant
« Qui de çaiens osast issir ;
8030 « Del tot faisiens nostre plaisir.
« Rendre se devoit chascun jor
« Et deguerpir tote s'ounor,
« Ceste cité et cest roiame,
« Mais que la pucele et la dame
8035 « Laisasse aler a sauvement
« A poi d'avoir, a poi de gent
« Au roi son pere en Roumenie.
« Mais je nel vol creanter mie,
« Car ensamble voloie avoir
8040 « Et la fille et tot son avoir.
« Biax fix, si eussoumes nos,
« Quant cil vallès dejouste vos,
« Je ne sai dont, lor vint aidier,
« Mais nus ne vit tel chevalier,
8045 « Si hardi ne si emprendant,
« Si vertueus ne si poissant,
« Ne tant peust soffrir sans faille
« Mortel estor ne fort bataille
« Com cist puet, fix, et com a fait.
8050 « Por coi vos feroie lonc plait ?
« Mult m'a destruit et deserté (d)
« Et ma grant gent desbareté,

8020 venisme, .I. — 8022 cauec — 8033 roialme — 8038 voil

« Et mes barons mors et ocis
« Et nos par sa grant force pris,
8055 — En non Dieu, pere », dist Amphons,
« Mult fu grande la desraisons
« Quant par force voliés avoir
« La pucele outre son voloir.
« S'avés perdu ne m'esmerveil,
8060 « N'eustes mie bon conseil;
« Mais ore est si la chose alee,
« Ceste perte iert bien recouvree;
« Ne le pris pas une froncine. »
Lor en apele la roine :
8065 « Ma chiere dame, or m'entendés
« Et cist barnages de tos lés,
« Et vos, compains, entendés i ;
« Sor tos les autres vos em pri. »
Si fait la gent coisier et taire :
8070 « Tel chose vueil ici retraire
« Dont chascune doit avoir joie. »
Dont fu la cors serie et coie;
Nus n'i parla ne mot n'i soune,
Ne li uns l'autre n'arraisoune;
8075 Tuit se teurent et cil commence,
Oiant la cort en audience :
« Dame, voirs est, bien est seu,
« Que tot aviés en fin perdu :
« Ja ne vos fust chastiax remés,
8080 « Ne bors ne viles ne cités;
« Vos et la vostre fille eust   (f° 144)
« Sans rescousse d'ome qui fust,
« Quant cis vassax aidier vos vint,
« Mais nus ne set dont il vos vint,
8085 « Ne qui il est ne de quel terre;
« S'a maintenue vostre guerre,
« L'ost desconfite et pris le roi.

8056 grans la derrisions — 8087 los

« Je vos dirai en boine foi
« Ne s'en doit nus esmerveillier :
8090 « Bien doit li fix la mere aidier,
« Lui et sa terre maintenir,
« Envers tos homes garandir.
« Se il le regne a maintenu,
« De nature li est venu ;
8095 « Bien le doit faire. — Et il comment?
— Dame, sachiés certainement
« La terre est soie et tu sa mere.
« Li rois Embrons il fu ses pere ;
« Ses peres fu li vaillans rois.
8100 « Dame, tu le portas nuef mois ;
« Tu le portas, de toi nasqui.
« Je sui li lous qui le ravi :
« Je le ravi et n'oi pas tort,
« Car il estoit jugiés a mort.
8105 « Les maistresses qui le gardoient
« Andeus sa mort juré avoient
« Por un frere le roi Embron,
« Qui par sa male traison
« Avoit les gardes tant pramis,
8110 « Honors et terres et marchis,
« Que son plaisir devoient faire,   (*b*)
« Tel com l'enfant a mort atraire
« Et le roi meisme ensement.
« Ja ne vesquissent longement
8115 « Ne fuissent mort a deshonor,
« Par le porchas au traitor,
« Por ce que tot le regne eust,
« Se ses freres sans oir morust.
« Quant je tot cest convine soi,
8120 « Ne poi souffrir le grant desroi
« Ne la trés grande traison :
« Si l'en portai a garison ;

8088 vos ai dit — 8100 .ix. — 8107 .I.

« Mult fu chaciés, mult fu sivis,
« Mais ne poi estre consivis.
8125 « Li rois i fu et sa gens toute ;
« Après moi fu mult grans la route.
« Tant a alé c'or le te rent ;
« Vois le ci tot apertement. »
Quant la roine ot de son fil
8130 Et de Guillaume que c'iert il,
Si comme ele a oi retraire,
Tel joie en a ne set que faire.
Et quant Guillaumes voit sa mere
Et sot que li rois fu ses pere
8135 Que onques mais n'avoit veu,
Sachiés c'ainc si joians ne fu.
Ainc mais ne sot qui le porta
Ne ne connut qui l'engendra ;
Or set qu'il fu fix roi Embron.
8140 Ainc si grant joie ne vit on
Com fait li fix, com fait la mere,   (c)
Comme fait la suers de son frere.
Tot troi se prendent brace a brace
Et iex et nés et bouche et face
8145 S'entrebaisent cent fois ou plus.
Ainc si grant joie ne vit nus
Com por lui font et mere et suer.
Tante larme de joiant cuer
Et de pitié et de douçor
8150 De ce que voient lor signor
Li espandent sor le visage.
Quant Meliors la prous, la sage,
Entent et ot que ses amis
Est fix le roi de cest pais
8155 Et que rois Embrons fu ses pere
Et la roine estoit sa mere,
Et sire et rois seroit del raine,

8145 .c. — 8147 sor lui

Tex est la joie qu'ele maine,
Onques grignor ne fist pucele.
8160 Li bers après Guillaume apele :
« Li miens amis, entendés moi :
« Devant mon pere ci le roi,
« Oiant ma mere et les barons
« Et autres gens », ce dist Amphons,
8165 « Te voel mostrer tot en apert
« Que j'ai por toi fait et souffert.
« Verités est, quant fus ravis,
« C'après moi fu mult grans li cris;
« Fors fu la noise et la tumulte
8170 « Et de la gent grans li esmute ;
« Tot saillirent après moi fors. (d)
« Li rois meismes ert ses cors
« Devant eus tos esperonnant,
« Car mult avoit le cuer dolant,
8175 « Amis, de toi que g'en portoie.
« Ne poi guenchir ne champ ne voie,
« Venir au bos ne d'aus sevrer,
« Ne m'enbatissent en la mer.
« S'en la mer ne me fuisse mis,
8180 « Mult tost m'eust li rois ocis.
« Parmi le Far de mer autaine
« M'estut passer a mult grant paine ;
« Parmi la mer passai a nage.
« Mult par i oi grevex passage;
8185 « Mult en souffri mes cors d'ahan,
« Car ainc n'i oi nef ne chalan,
« N'ainc n'i eus mal de ton cors.
« Quant je fui outre arrivés fors,
« Onques de riens n'oi si grant joie.
8190 « Tant ting ensamble o toi ma voie
« Que t'en portai droit en Ardaine,
« Une forest de bestes plaine,
« Qui a une lieue est de Rome.

8193 roume

« Ainc beste ne fist ce por home
8195 « Que jou ai, sire, por toi fait. »
Après tot ce li a retrait
Com avec lui la nuit esroit
Et com le jor le porchaçoit
Par les vilaus et par les gens :
8200 De maint gaignon senti les dens
Et maint harnoi, mainte criee   (f° 145)
Oi de gent de la contree.
Et puis raconte del vachier
Qui le norri et ot si chier;
8205 Com l'emperere l'emporta,
Com sa fille le presenta,
Com s'entramerent ambedui,
Com il l'ama et ele lui;
Com li Grieu vindrent de lor terre
8210 A Roume la pucele querre,
Et comme elle lor fu donee
Et l'endemain fust espousee,
Quant es piax d'ors s'en encousirent
Et de la terre departirent,
8215 Et com la gens de par la terre
Assamblé furent por ex querre;
Et si comme on les aprochoit,
Comme il son cors devant metoit
Por desvoier les quereors;
8220 Les grans travax et les paors
Et les jornees fors et grandes
Et les porchas de lor viandes
Dont il leur donoit a plenté
Quant il estoient ostelé :
8225 Tot ce qu'il a por aus souffert
Lor a retrait tot en apert.
Après lor a conté comment
Il lor avint a Bounivent,
En la quarriere, avirouné
8230 Des citoiens de la cité

Que li prevos i envoia, (b)
Comment d'iluec les desvoia
Par son fil que iluec ravi,
Si comme avés arriere oi.
8235 Si com por lor delivreure
Se mist de mort en aventure
Et com lor piax lor fist laissier,
Prendre les cers, les ors changier,
Et com les eves trespasserent,
8240 Trestot ensi comme il errerent,
Et ce que por aus avoit fait
Lor a li bers Amphons retrait.
Guillaumes ot le damoisel;
A grant merveilles li est bel,
8245 C'or sevent tuit, c'est vertés fine,
Qu'est fix le roi et la roine,
Et trai l'orent ses maistresses,
Les traitres, les felenesses.
Entre ses bras estroit l'a pris.
8250 « Biax sire Amphons, biax chers amis, »
Dist Guillaumes au fil le roi,
« Verités est, tant as por moi
« Souffert et enduré et fait,
« Si comme avés ici retrait,
8255 « Por moi et m'amie garir,
« Ne vos porroie, espoir, merir;
« Mais il n'est chose si grevaine
« Ne tiex travaus ne si grans paine.....
« Et de ce vos fac je bien sage,
8260 « Et si voel bien que on le sache,
« Qui que s'en joue ne se duelle, (c)
« Ne vaudrés riens que je ne vuelle
« N'autrui amer, sachiés de voir.
« Je t'aim et serf a mon pooir;
8265 « Mult devera icil liés estre

8258 *lacune après ce vers* — 8262 *voelle*

« Qui de t'amor porra fis estre.
« Nostre regne soient tot un,
« Nostre voloir soient commun :
« De tot voel faire le tien gré,
8270 « Trestot met a ta volenté :
« Terre et honor, cors et avoir
« Pues prendre et faire ton voloir.
— Sire Guillaumes, vo merci.
« Tot si com vos avés oi
8275 « Et j'ai ci dit et raconté
« Et cist baron l'ont escouté,
« Ai je souffert et fait por toi ;
« Del guerredon me fai l'otroi.
— Certes, amis, ainc n'oi tel joie,
8280 « Comme se riens avoir pooie
« Qui vos pleust. — Oil, biau sire.
— Amis, or le vos plaise a dire.
— Arai le dont? — Oil sans doute.
« Se ce estoit ma terre toute,
8285 « Ja n'en iert riens mise defors,
« Fors seul m'amie Meliors.
— Sire, ta terre ne voel mie,
« Ne toi tort faire de t'amie ;
« Mais puisque m'as icest don fait,
8290 « Or te requier, se il te plaist,
« Que tu me doignes ta seror (*d*)
« Avoir a feme et a oissor.
— Hé ! chiers amis, dis me tu voir
« Que tu vels ma seror avoir ?
8295 — Oil certes, biau sire chiers,
« S'il vos plaisoit, mult volentiers.
— Plaisoit ? Mais buer fust ele nee,
« Puis que tant vos plaist et agree
« Que le volés a moillier prendre.
8300 « Et Diex vos puist merir et rendre.

8292 Et a f.

« L'onor que me faites de li,
« Or par serons entier ami,
« Ami entier et frere en loi.
« Liés et joians la vos otroi,
8305 « Et la moitie de m'onor
« Vos doins avecques ma seror
« En mariage. » Et cil respont :
« Ne place au roi de tot le mont
« Que ja del vostre riens en preigne.
8310 « Assés avons terre en Espaigne;
« Assés avons viles et bors,
« Chastiax, cités, donjons et tors,
« Terre merveille riche et bele.
« Ne voel fors que la demoisele :
8315 « Ne voel chastel, vile, donjon,
« Se la bele seulement non. »
Ensi li fu cele otroie.
Cil l'a juree et fiancie,
Voiant la cort et le barnage.
8320 Forment sont lié du mariage : (f° 146)
Mult en fu lie la meschine;
Si fu sa mere la roine,
Li rois d'Espaigne et li baron
Et riche et povre d'environ.
8325 Ensi l'a iluec afiee :
Quant la novele fu alee,
Par les terres, par les pais,
N'i remaint princes ne marchis
Ne vaillans hon de nul pooir
8330 Ne viegne les signors veoir.
Tant i vienent de cex del raine
Qu'ensi en fu la cité plaine
Que mult en ot defors logié.
As tentes furent repairié
8335 Li desconfit de l'ost fuiant;
Ainc mais n'orent joie si grant,
Quant li signor sont acordé

16

Et tot lor homes delivré.

Or entendés ici après
8340 De Gloriande et d'Acillès.
Quant les nouveles ont oies,
De la mort sont certes et fies.
Lor paelee est descouverte
Et lor grans traisons ouverte :
8345 Seures sont ansdeus de mort ;
Se paor ont, n'ont mie tort.
De la chambre sont fors issues,
Nus piés, de haires revestues ;
N'i ont nul autre garnement,
8350 Fors que chascune seulement
Desor son chief un voile noir.   (b)
Ce senefie a recevoir
Mort, dont les cuers sont angoissos.
Chieres enclines, tristes vols
8355 Noirs de paor, et vaine et pale,
L'une après l'autre aval la sale
Vienent devant Guillaume droit.
Et quant li bers les dames voit,
Mult les a bien reconneues
8360 C'adès les ot laiens veues ;
Et celes sont agenoillies.
De parler sont bien enseignies ;
Tote la gent verti après.
Premiers parla Achillounès :
8365 « Damoisiax sire, enten a moi.
« Venues somes devant toi
« Por recevoir nostre juisse ;
« Fai de nos faire ta justise.
« Se tu nos fais livrer a mort,
8370 « Forfait l'avons, n'as mie tort.
« Mais tant avons passés de jors,

8351 .1. — 8355 Noir

« Ne sera mie grans honors
« Ne grant venjance de tex domes,
« S'or aviiens mordri trois homes,
8375 « De nos faire tolir les vies.
« Tant sommes vielles deguerpies
« Et corrompues et alees,
« Del tot en tot ennoientees,
« Ne troveras franc ne vilain
8380 « Ja dainst sur nos metre la main ;
« Mais se pitiés t'en voloit prendre (c)
« Que nos laissasses ansdeus rendre
« En abie ou en hermitage
« Ou dedens aucun lieu ramage,
8385 « La gerrions tos jors en haire
« Por nostre penitance faire
« Et servirions nostre signor
« Et proierions le creator,
« Tant com vivriens, sire, por toi
8390 « Et por ta mere et por le roi,
« Que Diex li face vrai pardon. »
A ce se tienent li baron.
Guillaumes ot cest loement ;
Ne velt estre contre sa gent.
8395 En l'ermitage mises furent ;
Iluec finerent et morurent.
A tant m'estuet des dames taire ;
A l'estoire me veil retraire.

Guillaumes prent ses messagiers,
8400 Prex et cortois et bons parliers
Et haus barons et de grant pris.
Ses briés lor baille et ses escris,
Se les tramet l'empereor :
Que se lui plaist, que viegne au jor
8405 C'a moillier doit prendre sa fille

8374 .III. — 8382 .II.

Li rois de Puille et de Sezille;
Et s'encor vit une meschine
C'on apeloit Alixandrine,
O lui l'amaint, car mult l'em prie
8410 Sa fille qui mult en iert lie.
Cil respondent bien le feront. (d)
A tant s'en partent, si s'en vont,
N'atendent plus li messagier;
Apresté sont de chevauchier.
8415 La nuit dorment jusc'au matin
Qu'il sont entré en lor chemin.
Grant harnois mainent et grans gens,
Chevax et autres garnemens.
Des garnemens parler doit on
8420 Que porter fisent li baron :
Tot furent d'or et a orfrois.
Tost font ambler les palefrois,
A Roume vindrent la cité :
L'empereor i ont trové;
8425 Salué l'ont et sa compaigne
De par le roi Amphoul d'Espaigne,
Que jadis furent compaignon,
Et puis de par le fil Embron
Cui est Puille et toute Sezille,
8430 Et de par Melior sa fille.
Quant l'emperere a entendu
De par sa fille le salu,
Merveille soi et si respont :
« Signor, et Diex grant bien vos dont
8435 « Et il vos gart. Mais dites moi,
« De ma fille parler vos oi,
« Baron, se vos riens en savés?
— Oil, noveles. — Por Dieu, qués?
— En Palerne est avec le roi;
8440 « Se nos a ci tramis a toi.

8406 sezile — 8427 Qui — 8429 sezile

« Li rois le doit prendre a moillier; (f° 147)
« Par nos te mande au noçoier.
« Venés i, biax sire, a la cort,
« Que nule riens ne t'en destort;
8445 « Mult i porras veoir grant joie.
« Vois ci ses gens ou tes envoie. »
A tant li baille les seiaus,
Et l'emperere Nathaniaus
Les a reçut et fraint la cire
8450 Et fait un clerc les letres lire.
Li clers le parchemin desploie,
Les letres list a mult grant joie :
Tot si com mandent li seignor
A raconté l'empereor
8455 Et sa fille tot ensement,
Oiant les princes et la gent,
Ensi com li message ont dit;
Por Dieu, s'Alixandrine vit,
Mener l'i face, se lui plaist :
8460 Ensi li clers tot li retrait.
L'emperere pas ne se targe;
Semonre a fait tot son barnage
De ses princes et de ses homes,
Des mix vaillans, des plus prodomes,
8465 Car n'i velt longes remanoir :
Mult ot grant gent a son movoir.
Alixandrine fu mandee,
Qui n'i doit pas estre oubliee :
Atornee mult richement;
8470 Mult furent chier si garniment.
Damoiseles por li servir   (*b*)
Enmaine tot a son plaisir.
Apresté furent li sommier,
Li serjant et li chevalier
8475 Et li evesque et li abé

8448 Nathanieus — 8457 on dit

Dont en la route avoit plenté.
L'empereres en chevauchant
As mès de Puille va parlant.
Toudis noveles lor demande
8480 De sa fille dont est en grande :
Comment ce fut, comment avint;
Comment dedans Palerne vint,
Ne ou li rois prendre le peut,
Ne ou ele ert, comment le seut.
8485 Et cil li content l'aventure,
Tot mot a mot, sans couverture,
Tot si com il ert avenu
Et com vos l'avés entendu :
De Guillaume qui fu ravis,
8490 Tant com ert jouenes et petis,
Comment li garox l'emporta,
Comment la mer a tout passa,
Com fu trouvés par le vachier
Qui puis l'ama mult et tint chier,
8495 Com l'ot gari, com l'ot norri,
Com il meismes le toli;
Com s'entramerent ambedoi
Par boine amor, par loial foi
Et comment du regne partirent
8500 Ou onques puis ne revertirent,
Andoi encousu en piax d'ors. (c)
Les prix, les maus et les paors
Que chascuns out soffert et fait,
Tot ont li messagier retrait;
8505 Puis recontent l'empereor
La grant proece del signor;
Comme il est bers, frans et poissans,
Fors et hardis et combatans;
Comment Palerne fu asise
8510 Et comment fust maintenant prise,
Se cil n'i fust venus si tost,
Et comme lués desconfi l'ost,

Com les chaça et les conquist
Et com le roi et son fil prist.

8515 « Signor », ce dist li emperere,
« Por Dieu, le nostre signor pere,
« Comment savés qu'il fu garis ?
— Par le garoul dont fu ravis.
— Par le garoul ? — Voire. — Comment ?
8520 — Jel vos dirai apertement :
« Ne fu pas beste par nature,
« Ains fu de roi engendreure :
« Fix au roi ert, le roi d'Espaigne.
— Ceste merveille est mult estraigne.
8525 « Comment le puet on ensi croire ?
— Sire, ja en orrés la voire.
« A l'acouchier de sa gesine
« Fu de lui morte la roine.
« Li roi reprist une moillier
8530 « Qui por le sien airetier
« Desor l'enfant geta tex sors (d)
« Fuir l'en fist del regne fors ;
« Por lui tolir son signorage
« L'en fist fuir com leu sauvage.
8535 « Parmi la fole, voiant tous,
« Vint en la sale li garous ;
« Envers lui tant s'umelia,
« Merci li quist, ce nos sambla ;
« Li rois le connut maintenant.
8540 « Ce nos conta tout en oiant
« Que c'ert ses fix ; lors fu mandee
« La roine de sa contree.
« Quant ele fu venue, lors
« Deffist ses caraudes, ses sors.
8545 « Hom redevint li damoisiax ;

8525 on *manque* — 8527 de la roine — 8528 fui — 8534 *lacune après ce vers* — 8535 la sele — 8536 garox — 8544 et ses

« Mais n'est el monde nus plus biax
« Ne si adroit, fors mon signor.
« Quant il revint en sa valor,
« En sa persone et en son sens,
8550 « Oiant la cort, voiant les gens,
« Nos raconta tout cest afaire
« Si com l'avés oi retraire. »
Quant l'emperere ot l'aventure
Del tot en tot s'i asseure,
8555 Set que c'est voirs, n'en ot pas doute.
Ses barons mande par la route,
Si lor raconte a mult grant joie.
Tant ont tenu la droite voie
Que Palerne ont mult aprochie.
8560 A merveilleuse chevauchie
De ducs, de princes, de barons (f° 148)
S'en ist Guillaumes et Amphons.
Tant chevauchierent et errerent
Que li signor s'entrencontrerent.
8565 Guillaumes voit l'empereor,
Ainc hon ne fist joie grignor
Que fait li bers et sa gens toute.
A lui s'en vient parmi la route,
A terre saut lés son destrier ;
8570 La jambe li cort embracier.
Li emperere s'arrestut,
Guillaume voit, bien le connut
Encontre lui descent a pié.
Mult se sont il entrebaisié
8575 Et conjoi et acolé.
Tant ont chevauchié et erré
Li baron qu'il s'entrencontrerent;
Li un les autres saluerent.
A tant es vos le roi d'Espaigne
8580 Et ses deus fix et lor compaigne;

8555 ot *manque* — 8574 il *manque* — 8580 .II.

L'emperes connut le roi,
Si le baisa et traist a soi,
Car compaignon furent jadis ;
Mult fu li uns vers l'autre amis.
8585 L'emperere qui mult ert biax
Ne connut pas les damoisiax :
Le roi demande qui il sont.
« Sire, mi fil », li rois respont.
— Vostre fil ? — Voire, biax chier sire. »
8590 Puis li a commencié a dire
Comment d'Amphoul ert avenu   (b)
Com longhement l'avoit perdu,
Comment Diex rendu li avoit.
L'empereres dist, quant il l'oit :
3595 « Sire, voirs est ; tot ensement
« L'avoie oi de vostre gent. »
Ilueques fu tex joie faite.
Ne vos porroit estre retraite.
A tant es vos Alixandrine :
8600 Quant Guillaumes voit la meschine,
Mult est joians de sa venue.
Contre lui cort, brace tendue,
Del palefroi l'a mise jus,
Plus de cent fois li rent salus.
8605 Se li demande quel le fait :
« En non Dieu, sire, s'il vos plaist,
« Je fac mult bien », dist la pucele.
« Por Dieu, que fait ma demoisele ?
« S'estes et sauf et sain andoi ?
8610 « Oïl, suer bele, en moie foi,
« Merci au fil sainte Marie,
« Et la vostre, suer douce amie,
« Qui mesistes travail et paine.
« Ançois que past ceste semaine,

8585 Li rois qui mult ert bons et b. — 8587 Li rois — 8591 Anphoul — 8605 que le f. — 8607 Ja fac

8615 « Acompliromes nos amors,
« Les prix, les maus et les dolors
« Dont nos avons eu souvent. »
A tant partent lor parlement,
Que li baron doivent monter,
8620 Et plus n'i voelent demorer.
Lors montent sor les palefrois (c)
Li empereres et li rois
Et Guillaumes, li prex, li sages,
Les puceles et li barnages ;
8625 Vers Palerne tienent lor voie.
En la cité troevent tel joie
Et tel richece et tel ator
C'onques nus hon ne vit grignor
Ne ne verra, je quit, jamais.
8630 Atorné furent li palais
Qui mult erent et bel et gent,
Car tot furent li pavement
De blanc liois, de marbre bis,
Trestot a or ensi assis.
8635 Tot entor fu encortinés
De dras de soie a or ouvrés,
A oeuvres d'or et a paintures,
A maintes diverses figures
D'oisiax, de bestes et de gens.
8640 Les chambres furent par dedens
Paintes et bien enluminees.
Ainc nus ne vit mix atornees,
Tant plaisans ne si delitables,
Si beles ne tant convenables ;
8645 La furent reçut li signor.
Ainc nus ne vit joie grignor
Que Meliors fist de son pere
Et que de li fait l'emperere.
La mere Guillaume et sa suer
8650 Li refont joie de bon cuer.
Es vos Guillaumes qui ne targe (d)

Parmi la sale qui fu large ;
Par devant tote l'assamblee
Alixandrine a adestree
8655 Jusqu'en la chambre Meliors ;
Et quant la bele le vit, lors
Grant joie fait de sa pucele
Et cele de sa damoisele.
Mult se sont entreconjoies,
8660 Car mult erent bones amies.
Alixandrine li demande,
Et del savoir est mult en grande,
Qu'ele li die de son estre,
Comment ç'avint, comment peut estre,
8665 Quant il vidierent le pais
Qu'il ne furent trové ne pris.
Et cele li a tot retrait
Comme il orent arriere fait
Et quanque lor ert avenu.
8670 Bien l'ont oi et entendu
Li baron et li rois d'Espaigne
Et l'emperere d'Alemaigne
Qui en la chambre laiens erent.
A grant merveilles em parlerent,
8675 Quant il si faite chose oirent ;
Comment tel penitance firent
Si jones gens, quant mort n'en sont,
Et neporquant grant joie en font :
De l'aventure font grant joie.
8680 De lor mengier por coi diroie ?
Tuit en orent a tel plenté   (f° 149)
Que chascuns fist sa volenté ;
Et quant ce vint après mengier,
En la sale entrent messagier.
8685 De terre de Gresse venoient ;
Prodome et riche mult estoient,
De haut afaire et de grant pris.
A la roine sont tramis :

Salué l'ont de par son pere
8690 Et Laertenidon son frere.
« Dame », font il, « soiés haitie :
« Vostre pere ne vos oublie,
« Ains vos envoie un tel empire,
« N'est hom le nombre en sache dire.
8695 « Parmi la mer vient li barnages
« A nés, a chalans, et a barges.
« Vostre freres le vos amaine,
« Chascun jor de venir se paine ;
« Une tele ost amaine a toi,
8700 « Ne troveras prince ne roi
« Qui tort t'ait fait, ja l'ost atendre,
« Qu'en ta merci ne face rendre.
« Mar furent né ti anemi,
« S'il ne vienent a ta merci. »
8705 Quant la roine ot la novele,
Poés savoir mult li fu bele.
As messages a respondu :
« Signor, bien soiés vos venu
« Et Diex garise mon chier pere
8710 « Et Laertenidon mon frere.
« De lor santé Dieu en merci.   (*b*)
« Est loing mes frere ou près de ci,
« Ne l'ost de Gresse, ou puet ele estre ?
— Dame, par Dieu le roi celestre,
8715 « Jusqu'a tier jor, sachés de voir,
« Porras ton frere ci veoir
« A merveilleuse compaignie
« De ses barons de Roumenie.
« L'ost sigle après tot belement,
8720 « Car tant i a plenté de gent,
« De nés, de chalans et d'escois,
« Destriers et muls et palefrois,
« Ne pueent pas venir si tost,

8690 departenidon — 8693 .i. — 8710 laertendon

« Ne derrouter ne voelent l'ost. »
8725 La roine est mult esjoie
De la novele qu'a oie.
Les barons a mult honerés
Et conjois et festinés ;
Herbergier les fait richement
8730 Et servir honerablement,
Puis atendent dusc'au tier jor
Que vint li fix l'empereor
Et ensamble o lui gent roumaine,
Des plus haus barons de son raine.
8735 Quant venu furent li Grifon,
Ainc si grant joie ne vit on
Com la roine de Sezile
Fait de son fil, ele et sa fille,
Li bers Guillaume et li cortois
8740 De son chier oncle et des Grijois.
Mult se paine de l'honerer,   (c)
De l'acointier et de l'amer ;
Ensement fait Amphons li prox,
Li fix le roi qui fu garox
8745 Et ses peres li rois d'Espaigne
Et l'empereres d'Alemaigne
Et li baron ensamble tuit.
Mult le conjoient cele nuit ;
Mult ont le Grijois honeré
8750 Et puis li ont tot raconté
De son neveu trestot l'afaire,
Si com l'avés oi retraire,
Comment se parti de l'ounor
O la fille l'empereor
8755 C'a moillier ot li Griex juree ;
Com issirent de la contree
Par les piax d'ors ou s'encousirent
Et la grant paine qu'il souffrirent ;

8756 Comment

Com li garox les ot servis
8760 Et maintenus et garandis
Et comment revint en sa terre
Et comment traist a fin sa guerre.
Des mariages ront parlé,
Comment sont fait et ajousté;
8765 Si com Guillaumes prent s'amie
Que chierement a deservie,
Qui fille estoit l'empereor,
Et com doit prendre sa seror
Amphons, li fix le roi d'Espaigne,
8770 A per, a feme et a compaigne,
Et com de li fera roine. (d)
Puis ont parlé d'Alixandrine.
Tant ont la parole menee
Que de Brandin est afiee
8775 Le frere d'Amphon, le puisné,
Et cil l'a prise de bon gré
Par le commandement son frere
Et par le los le roi son pere.
Après ront le Grijois conté
8780 D'Amphon toute la verité :
Comme il fu beste et leus garox
Et ore est il vaillans et prox
Et chevaliers. Lors li moustrerent;
A grant merveilles l'esgarderent
8785 Li Grijois qui tot ce oirent.
Del chevalier grant joie firent,
Mais mult par s'est esmerveilliés
Li Griex que cil estoit ses niés
Qui sa feme li ot tolue.
8790 Se l'ost de Gresse fust venue,
Ja n'en joist, se il peust,
C'ançois par force ne l'eust.
Mais c'est ce qui estre ne puet,

8775 Li freres amphon li puisnes — 8776 gres

Voelle ou non remanoir l'estuet.
8795 Cele nuit l'ont ensi laissié.
Li lit furent apareillié,
A grant merveille bel et gent,
Tex comme estuet a tele gent.
Couchié s'i furent li signor ;
8800 La nuit dormirent jusc'au jor.
L'endemain quant fu ajorné,   (f° 150)
Ont estormie la cité
Les araines et li tabor
Et les buisines et li cor,
8805 Li estrument et les vieles,
Les dames et les damoiseles
Et li vallet qui par la vile
Furent monté plus de trois mile,
Qui par ces rues vont poignant
8810 Et li uns l'autre entrabatant,
Car la novele ont oi dire
Que coronés sera lor sire
Et que s'amie espouser doit.
Amphons, qui fix le roi estoit,
8815 Redoit espouser sa seror,
Florence a la fresche color.
La tierce damoisele avra
Brandins et si l'espousera,
S'en feront mariage a toise ;
8820 Por ce demainent si grant noise.
Levé se sont li chevalier
Et li marchis et li princier.
Li damoisel furent levé,
Si sont vestu et atorné
8825 D'uns dras de si noble façon
Que ce n'ert se merveille non.
Des dras ne voel mention faire,
Car trop i aroit a retraire :

8803 et les araines — 8808 .III.

Roial furent li vestement
8830 Et des puceles ensement
Qui mult furent bien acesmees, (*b*)
Puis sont es palefrois montees.
Après monterent les roines
Et les dames et les meschines
8835 Qui a la feste erent venues.
Totes sont richement vestues.
Li empereres d'Alemaigne
Florence la bele en enmaine
Par la resne du frain a or ;
8840 Li rois d'Espaigne Melior
Lartenidon Alixandrine.
Desor la mule sarrasine
Lés Melior fu a sa resne
La gentix dame de Palerne
8845 Qui mult l'acesme et mult l'atille ;
Et dalés Florencien sa fille
Ert la roine dame Brande
Qui de li servir fu en grande,
De l'atirer en itel guise
8850 Que n'en peust estre reprise.
A tant sont del palais issues ;
Mais tant de gens ot par les rues
Por les puceles esgarder
C'a paines i puet on passer.
8855 Mais cil qui les verges portoient,
Devant la presse departoient.
As gens partir grant paine rendent :
Au moustier vienent, si descendent,
Après sont en la glise entrees.
8860 Des barons furent adestrees
Dessi au maistre cuer lassus, (*c*)
Ou li clergiés ert revestus,
Li patriarches de la vile

8838 en *manque* — 8841 lertenidon

Et li evesques de Sesile.
8865 Li damoisel furent monté,
Lombart et Puillant assamblé;
Et quant il sont del palais fors,
Tex est li sons qu'il font des cors,
Des araines et des buisines,
8870 Des estrumens et des tozines
Que tote la cités em bruit.
Por esgarder estoient tuit
Monté as loges et as estres,
Et as soliers et as fenestres
8875 Dames, puceles et borgois
Por esgarder les noviax rois,
La roine et sa signorie
Et l'autre noble compaignie.
Li clergiés ert ja fors issus
8880 Et contre les serjans venus,
Si comme c'est drois et raisons,
A crois et a porcessions,
A textes d'or, a filatieres
Qui mult erent bones et chieres.
8885 Chapes de cuer ont affublees
De dras de soie, d'or bendees.
Quant Guillaumes voit le clergié,
Isnelement descent a pié
Contre le signe de la crois,
8890 Si com ce fu raisons et drois,
Et si serorge et si baron.   (d)
Quant chascuns ot dit s'orison,
Saignent lors cors et lor viaires,
Puis vienent tot as saintuaires.
8895 Devotement chascuns i touche
Et de ses iex et de sa bouche,
Puis s'en entrerent en la glise
Ou il ot gent de mainte guise.
El maistre cuer s'en vont tot droit
8900 Ou li clergiés les atendoit.

Li patriarches Alexis
Les a sacrés et beneis
Et coronés mult richement,
Et les roines ensement ;
8905 Puis les assamble a mariage
Par le coustume et par l'usage
Qu'il menoient en la contree.
Brandins a sa feme espousee,
Ma damoisele Alixandrine,
8910 Mais il n'est rois n'ele roine,
Et neporquant si ont assés
Chastiax et viles et cités
Et terre merveilleuse et rice.
Et lors commencent le service
8915 Li patriarche et li clergiés
Qui ja estoit apareilliés.
Grant sont li chant, hautes les vois,
Por le sacre des noviax rois.
Ne sai que peut valoir l'offrande ;
8920 Merveilles fu et riche et grande.
Et quant la messe dite fu,   (f° 151)
El palais sont tot revenu
Li duc, li princier, li contor,
Li roi et li empereor
8925 Et li baron et les roines
Et les dames et les meschines.
La commence si grans la joie,
Ne sai que vos deviseroie
Des vins, des boires, des mengiers,
8930 Des dames et des chevaliers,
Des puceles ne des barons,
Des presens ne des riches dons
Que s'entrefisent li signor.
De l'apareil ne de l'ator
8935 Ne le saroie pas descrire
Ne la moitié conter ne dire.

Un mois entier dura li plais ;
Onques si riches ne fu mais.
Li roi orent de lor moilliers
8940 Lor volentés, lor desirriers,
Et les dames de lor signors
Ont acomplies lor amors.

Quant li baron ont esgardé
Que la cors ot assés duré,
8945 Chascuns velt raler en sa terre,
Vienent au roi le congié querre.
Lartenidus premierement
A sa seror le congié prent.
La roine a baisié son frere
8950 Et salus a mandé son pere,
L'empereor de Roumenie : (b)
Que Diex le tiegne en boine vie
Et gart et garisse son cor;
Et la roine Melior
8955 A li Grijois mult saluee
Et si l'a a Dieu commandee,
Puis salue l'empereor
Et puis sa mere et sa seror.
Alphons le novel coroné,
8960 Qui leus garox avoit esté,
Le roi d'Espaigne a Diu commande
Et la roine dame Brande,
Alixandrine et son baron
Et le barnage d'environ.
8965 A tant monta el palefroi.
Des barons ot mult grant convoi ;
Li rois ses niés l'a convoié.
Et quant vint au prendre congié,

8937 .i. — 8947 lertenidus — 8953 cors — 8954 meliors

Cent salus mande a son aiol
8970 Que volentiers verroit son vol.
Au departir baisié se sont;
Li rois remaint et cil s'en vont;
Tant font ambler les palefrois
Que lor ost vinrent as Grijois.
8975 Quant cil de l'ost lor signor voient
Et les conrois qu'il atendoient,
Grant joie en ont tot li millor;
N'i voelent metre lonc sejor.
Apareillié ont les vaissiax.
8980 Boine est la tempre et li tans biax : (c)
Lié sont de lor repairement.
Es nés entrent isnelement,
Sachent ancres, drecent lor voiles,
Nagent au vent et as estoiles;
8985 Revenu sont en Roumenie.
Quant la novele fu oie,
Tot si comme ele ert avenue,
A grant merveille l'ont tenue.
L'emperere sot la verté
8990 Qui la pucele avoit esté
Qui a son fil estoit dounee,
Et de quel terre ele estoit nee;
Mult par s'en est esmerveilliés,
Mais de ce est joians et liés
8995 Que ses niés ert de tel vaillance,
De tel renon, de tel poissance,
Tex chevaliers et si hardis;
Et si avoit ses anemis
Matés et mis son regne en pais,
9000 Et qu'ensi est finés li plais
Que tos estoit et sire et rois.

8969 .c. — 8974 virent — 8990 et 8991 *sont intervertis*.

Ici lairoumes de Grijois,
Si dirons de l'empereor
Qui ne velt metre lonc sejor.
9005 Apresté a tot son afaire
Que vers Roume se velt retraire.
Ja sont monté si chevalier
Et arrouté tot si sommier;
Vient a sa fille, congié prent
9010 Et cele mult piteusement
Pleure des biax iex de son vis (d)
De ce qu'il ot le congié pris
Et qu'aler velt en son pais
Dont il estoit nés et nais.
9015 Droit a la bele s'ele pleure,
Ne le verra mais puis cele eure
Que cil de li departira.
Li empereres l'acola.
« Fille », fait il, « je n'ai mestier,
9020 « Mais une riens te voel proier;
« Que tu penses mult del bien faire
« Et soies france et debounaire,
« Et sage et vaillans et honeste,
« Si com tu dois par lignage estre;
9025 « Et si portes mult grant honor,
« Si comme ont fait nostre ancissor,
« La roine, la bone dame
« Et les haus homes del roiame;
« La povre gent ne consentir
9030 « Ne a rober ne a tolir,
« Car icil proieront por toi
« Et por ton chier signor le roi;
« D'estre orgilleuse n'aies cure,
« Ne mais sor tote creature

9023 Et *manque* — 9026 uostre — 9028 roialme

9035   « Honeure Dieu et sainte iglise
         « Et essauce le sien service. »
         Cele respont : « Biax pere chiers,
         « Si m'ait Diex, mult volontiers ;
         « Ja n'orrés de moi se bien non. «
9040   Il l'a baisee en son menton,
         A tant s'est partis de sa fille ;   (*f*° 152)
         A la roine de Sezille,
         Cui Dame Dix maintiegne joie,
         A congié pris et se li proie
9045   C'onort sa fille, sel chastoit
         S'ele riens nule mesprendoit.
         Et la roine li respont :
         « Sire, par tos les sains qui sont
         « Ne par celui qui me fist nestre
9050   « Je n'aim tant feme qui puist estre
         « Fille ne niece ne seror.
         « Mult ert gardee a grant honor,
         « Tos ert liés quil porra servir
         « Del tot en tot a son plaisir,
9055   « A son commant, et son voloir ;
         « Et se riens nule veut avoir
         « C'on puist avoir, n'i faudra mie. »
         Et l'emperere l'en mercie.
         A itant fu li congiés pris ;
9060   De la roine s'est partis.
         Après salue les roines
         Et les dames et les meschines
         Qui en la sale laiens erent ;
         Celes a Dieu le commanderent.
9065   Alixandrine n'oublia ;
         A li s'en vint, si l'acola.
         « Bele », fait il, « a moi entent.

9040 baise — 9042 sezile — 9049 fist *manque* — 9055 et son c.

« Mariee es mult hautement :
« Ne t'avoit Diex mis en oubli,
9070 « Quant fil de roi as a mari.
« Une chose tenés de moi, (b)
« Qui grant mestier t'avra, je croi.
« A tote rien portes honor
« Que sés qui plaise a ton signor.
9075 « Por ce seras plus honeree
« Et mix servie et mix amee. »
Cele respont : « Li miens chier sire,
« Si ferai je, Diex le vos mire.
« De moi n'orrés nul mal recort,
9080 « S'on ne le dist a mult grant tort
« Ou par envie ou par pechié. »
Lors la salue et prent congié.
Au roi d'Espaigne congié prent
Et as barons tot ensement
9085 Et a ses enfans ambedous.
« Signor », fait il, « ce sachiés vous,
« En moi poés avoir fiance.
« S'il vos croist nule mesestance
« As paiens ou vos marchissiés,
9090 « Que savoir le me fesissiés,
« Car sachiés bien, ne faudrés mie
« A mon secors ne a m'aie. »
Et cil l'en ont mult mercié.
A Dieu sont entrecommandé ;
9095 Li un les autres saluerent.
Cil s'en vont et cil retornerent ;
En Palerne sont revenu,
Mais n'i ont pas lonc plait tenu,
C'aler s'en vuelent en Espaigne
9100 Li rois et toute sa compaigne.

9069 em — 9086 vos — 9089 parens — 9100 Au roi

Ja s'estoit li os departie : (c)
Repairié sont a lor navie
Ou lor vaissiax rapareilloient,
Et lor signors i atendoient.
9105 Li rois Guillaumes voit trés bien
Ne remandront por nule rien.
Quant voit que plus nes puet tenir,
Tot son tresor lor fait ovrir,
Et devant metre en abandon
9110 L'or et l'argent a grant fuison,
Les riches pieres, les joiaus,
Les dras de soie chiers et biaus;
Mais n'en voelent riens nule prendre.
Li rois n'estoit mie a aprendre;
9115 Tos les barons, estre lor grés,
A mult riches joiaus donés;
Le roi d'Espaigne et la roine,
Sa seror et Alixandrine
En a fait lor coffres emplir
9120 Por doner et por departir,
Quant ele vendront en lor terre.
Tot ensamble vont congié querre
A la roine de Sezille.
La roine baise sa fille
9125 A chaudes larmes docement
Et cele sa mere ensement.
N'est mervelle s'eles ploroient,
Quant si eslongier se devoient.
Li une l'autre a Dieu commande.
9130 A la roine dame Brande
Proie la dame et son signor (d)
C'a sa fille portent honor.
Cil respondent : « N'en parlés mie,
« C'ainc dame mix ne fu servie
9135 « Qu'ele sera n'a tel richoise,

9117 Li rois — 9123 sezile — 9127 meruellent — 9128 douoient

« Tant fust roine ne duchoise. »
Et la dame les en mercie.
Tot ensemble la compaignie
A Melior le congié prendent.
9140 Salus et grans mercis li rendent
De l'onor qu'el lor a portee ;
Et cele est encontre aus levee,
Qu'ele estoit mult cortoise et sage.
Le roi d'Espaigne et son barnage
9145 Et la roine dame Brande
Mult doucement a Dieu commande,
Puis a baisie sa seror
Et commandé au creator.
A tant es vos Alixandrine ;
9150 Des iex moille tot son hermine ;
A la roine congié prent,
Et Meliors mult doucement
O tendres lermes, o souspir
L'a commandé au saint Espir ;
9155 Alphoul le roi qui fu garous
Acole et baise devant tous.
« Sire », ce a dit Meliors,
« Cil dame Diex qui del sien cors
« Rainst le mont, vos maint a joie
9160 « Si voirement com jel voudroie.
— Amen, bele », li rois respont. (f° 153)
A tant departent, si s'en vont ;
Tuit sont monté es palefrois.
Après ex est grans li conrois
9165 Del roi Guillaume et de sa gent
Et del pueple communement.
Li rois Guillaumes fait grant duel,
De lermes sont moillié si uel.
Par la main tient son compaignon ;

9141 lornor — 9153 tendre — 9155 garox — 9158 le sien — 9164 convois — 9168 oel

9170 Sovent li dist : « Biax sire Alphon,
  « Mes chiers freres, biax dous amis,
  « Por Dieu le roi de paradis,
  « Quant vos serés en vostre terre,
  « S'il vos i sort paine ne guerre
9175 « De Sarrasin ne de paien
  « Ne de nul home crestien
  « Dont vos voelliés venjance faire,
  « Faites me tost savoir l'afaire.
  — Amis », fait il, « se ferons nous,
9180 « Et autretel faites de nous. »
  A tant sont a lor nés venu.
  Des palefrois sont descendu,
  N'i voelent pas lonc sejor faire.
  Tot lor harnois font es nés traire
9185 Et lor chevax et lor ator,
  Et les dames et li signor
  A tant montent sans plus d'atente.
  Mult est le roi Guillaume a ente,
  Quant ses compains de lui se part.
9190 A Dieu proie que il le gart
  Et qu'il les maint a sauveté ; (b)
  Puis a son brac amont levé,
  Si l'a seignié de sa main destre
  Et commandé au roi celestre
9195 Et sa seror et le barnage.
  A tant se muevent del rivage,
  Les ancres traient, n'i a plus,
  Et les voiles ont levé sus
  Qui del vent enflent et empraignent.
9200 A tant s'en vont, en mer s'espaignent.
  Li rois Guillaumes ne se mut,
  Desor la rive tant s'estut,
  Et li baron qui la estoient,
  Que la navie plus ne voient.

9193 si le — 9203 baroon

9205 Quant mais nel voient, si retornent;
Et cil ne cessent ne sejornent
Qui de l'errer forment esploitent,
Car mult le repairier covoitent.
Tant ont siglé et tant nagié
9210 Qu'en Espaigne sont repairié.
Greignor joie n'estuet il querre
Que cil menoient de la terre
De lor signor, de lor amis
Qui repairié sont el pais.
9215 Grant joie font tuit par le regne
Del novel roi et de sa feme.
Riches presens et grans lor donent;
A lor voloirs tot s'abandonent
A faire lor commandement,
9220 Et li rois a tos mercis rent.
Les mors plainsent et regreterent   (c)
Cil qui onques riens les amerent,
Neporquant tost sont oublié
Por cex qui erent retorné,
9225 Et de la chose c'ont seue
Qui del signor ert avenue;
Comment fu beste et puis fu hom,
Comment guerpi sa region,
Comme en Palerne fu deçus,
9230 Comment fu la hom devenus
Par dame Brande la roine
Qui en avoit fait la mecine,
Les sors et l'enfaiturement.
Ainc nus ne vit si lie gent
9235 Comme il sont tuit par le roiaume.
Or redirons del roi Guillaume
Qui sa terre a si ratiree
Et renforcie et renfermee,
Les murs refais, les tors haucies

9229 deceus — 9535 roialme

            Et les viles reherbergies
9240
            Qu'ele ne crient home qui vive.
            La gent deserte, la fuitive
            Est revenue en la contree.
            Partot a la pais si fermee,
9245   N'i a home tant haut ne fort
            Qui ost au foible faire tort,
            Si fait li rois droite justice,
            Que par aus tiennent povre et rice.
            En cel termine et en cel dis
9250   Fu l'emperere defaillis.
            Mors fu l'emperere de Roume,   (d)
            Mais li baron et li riche houme
            Et les persones de l'onor
            Del roi de Puille font signor,
9255   Car ne sevent en nule terre
            Millor de lui trover ne querre,
            Ni si forciu ne si aidable,
            N'en l'empire si soufissable,
            Ne mix tiegne l'empire a droit ;
9260   Enseurquetot et si avoit
            Lor damoisele prise a feme :
            Par raison doit avoir le regne.
            Lor chartres font faire et escrire
            Et seeler et metre en chire ;
9265   Lor messagiers ont atornés,
            Sages et bien endoctrinés
            Et deus evesques du pais
            Ont avec ex au roi tramis,
            Que viengne a Roume estre emperere.
9270   La roine plora son pere,
            Quant ele sot que il fu mors ;
            Mais ce li fu grans reconfors
            Qu'emperere iert li rois se sire
            De tote Roume et de l'empire,

9241 hom — 9248 riche — 9252 home — 9258 si si — 9267 .II.

9275 Et ele empeerris sacree ;
Ce l'a del tot reconfortee.
Li rois Guillaumes ne demeure.
Messages prist meisme l'eure,
Ses a tramis son compaignon
9280 En Espaigne, le roi Alphon. (f° 154)
Se li mande que a lui viegne,
Que nus essoines ne le tiegne,
S'amaint sa feme la roine
Et son frere et Alixandrine
9285 Et son pere, s'il estoit vis ;
Mais il estoit mors et fenis.
Mors est li rois et deviés
Et de cest siecle definés.
Quant li rois sot ceste novele,
9290 Sachiés de voir, mult li fu bele,
Qu'emperere iert li rois ses frere
Et tenra Roume et tot l'empere.
De movoir pas ne se detrie ;
A merveilleuse compaignie
9295 De ses barons, de ses amis
S'est li rois a la voie mis.
Tant s'esploite li rois d'errer
Et par la terre et par la mer
Qu'en Palerne s'en vindrent droit,
9300 La ou li rois de Puille estoit.
Quant li dui roi s'entrechoisirent
Et les roines s'entrevirent
Et les dames et li signor,
Ainc nus ne vit joie grignor.
9305 Li rois Guillaumes ne se targe
De conjoir tot le barnage ;
De l'honerer forment se paine.
Tote entiere cele semaine
Les a fait li rois aaisier
9310 Et sejorner et detriier :
Bien ot chascun son estovoir. (b)

Et quant li rois s'en dut movoir,
Et ses prevos et ses baillis
Par son regne a posés et mis
9315 Et commandé ne facent tort
Ne plus au foible que au fort,
Par tot aient droite justice
Ausi li povre com li rice.
Après s'est mis tot a la voie.
9320 Li barnages a mult grant joie
Mult par chevauchent liement.
Ainc nus ne vit si noble gent;
Mult ert riche la compaignie.
Li rois sa mere pas n'oublie,
9325 Ançois le maine a grant honor
Avec sa feme et sa seror,
Car tant ert sage a grant merveille,
Ne fust trovee sa pareille.
Tant oirre ensamble li barnages
9330 Et trespassent les terres larges
Que droit a Roume sont venu.
A tel joie sont receu,
Ainc puis que Roume commença,
N'i ot si grant ne mais n'avra
9335 Dusqu'en la fin, mien essient;
Ne mais a nul assamblement
Ne virent tant noble vassal.
El palais maistre principal
Li rois et les dames descendent,
9340 Et li autre lor ostiex prendent
Dont il truevent a grand fuison, (c)
C'on lor met tot en abandon
Les chevax et les palefrois,
Les garnemens et les conrois.
9345 Mult les honorent li Roumain;
Mais il n'estoient pas vilain

9318 riche

Qu'il n'i voelent baer ne tendre,
Ains lor offrent le lor a prendre.
En la vile ont tant sejorné
9350 Que li baron sont assamblé
De par l'empire et de l'onor :
Del roi ont fait empereor
Et de sa femme empeerris.
Sacrés les a et beneis
9355 Pape Clemens, uns apostoiles,
Qui fu entre les deus Grigoires.
Mult par le tint on a preudome
Et ert apostoiles de Rome.
Cil les enoinst et corouna
9360 Et chanta messe et porseigna
Et fist l'offisse tot entier
Et quanqu'apartint au mestier.

Quant il enoint et sacré furent
Et coroné, si comme il durent,
9365 Et la messe orent escoutee
Que li apostole ot chantee,
El grant palais sont revenu.
Mais ne fu trové ne seu
C'onques a nul coronement
9370 Eust a Roume si grant gent,
Tel merveille ne tel ator (d)
Comme a celui empereor.
Ne sai que vos aconteroie
Ne del mengier ne de la joie,
9375 Ne des richoises qui la sont.
Je ne quit home en tot le mont,
Tant soit sages, ne lais ne clers,
Ne des set ars parés ne cers,
Quil seust dire ne retraire ;

9356 .II. — 9358 roume — 9374 mengier me delairoie — 9377 ne
clers ne les — 9378 .VII.

9380 Por ce m'en voel a itant taire.
Mais ançois que la cors fausist
Ne li barnages departist,
Fist l'empereres mult que frans,
Que gentix sires et vaillans.
9385 Le vachier qui l'avoit norri
Et la boine dame autresi
Fist envoier et fist avoir
Biau harnas et mult grant avoir,
Ses a fait devant lui venir,
9390 Car mult les desire a veir.
Quant devant lui furent venu,
A grant honor sont receu.
Dist l'empereres a eus dous :
« Preudom, reconnissiés me vous ?
9395 — Connissons ? voire, sire, oil.
« Ja vos tenismes por no fil
« Et norresismes, ce me samble,
« Set ans entierement ensamble.
« Tant estiés biax damoisiax
9400 « Li emperere Nathaniax
« Vos emporta ensamble o lui. (*f° 155*)
« Ainc n'eusmes si grant anui
« Comme eusmes de vos, biax sire.
« Mais nel peusmes contredire. »
9405 Li emperere a respondu :
« Verités est, tot ensi fu.
« Vos me norristes voirement
« Set ans tos plains entierement ;
« Mais par saint Piere le baron,
9410 « Ainc ne feistes norreçon,
« Travail ne paine ne labor,
« Qui vos venist a tele honor :
« Sachiés tel paine i avés faite,
« Jamais disete ne souffraite

9394 vos — 9398 .vii., ans *manque* — 9400 lemperere — 9408 .vii.

9415 « N'averés jor de vostre vie.
— Li rois qui tot a em baillie,
« Sire », fait il, « il le vos rende
« Et vostre cors de mal deffende. »
Puis les envoie en un chastel
9420 Qui tant siet richement et bel
En tel plenté et en tex biens,
Ne sai que il i faille riens
Qui a preudome plaisir doie :
Iluec vesquirent a grant joie
9425 Tote lor vie et a repos.
Et commanda tos ses prevos
Et ses baillis li emperere
C'ausi com son pere et sa mere
Face chascuns sa commandie,
9430 Si chier com chascuns a sa vie.
Ensi fut fait. Mais or dirons (*b*)
De la grant cort et des barons
Que li bons empereres tint.
Tex barnages a la cort vint
9435 De par les terres environ
Que ne fu se merveilles non.
Quinze jors tot entierement
Dura la cors plenierement.
Mais ne fu cors si honerable,
9440 Si plaisans ne si delitable,
Ne si vaillans ne si cortoise,
Ne ou eust tant de richoise,
Tant riche garnement nouvel
Ne tant destrier fort et isnel,
9445 Tant damoisel ne tant vassal,
Ne tant haut prince natural,
Tantes dames, tantes puceles,
Si honerables ne si beles,
Ne ou eust tant riches dons

9419 .I. — 9437 .xv. — 9449 reches

9450 Douné de princes, de barons,
Comme il ot a cestui por voir.
Mais n'i voelent plus remanoir,
Qu'asés avoit duré la cors
Et li despens et li secors :
9455 Chascuns velt aler en sa terre.
L'emperere dist que sa terre
. . . .
Lor soit abandounee a tir,
Lui et le sien a son plaisir
9460 Et dist : « Je le voel et desir,
« Que tot a son voloir les preigne »
Et l'emperere d'Alemeigne (c)
Mult hautement le remercie,
Tant pramet a chascun s'aie.
9465 Mais ains que s'en voist li barnage,
Prist l'empereres les homages
Des barons qui a la cort furent;
Il li ont fait si com il durent.
A Melior, l'empeerris,
9470 Ont tot ensamble congié pris
Et les dames et li signor
Et les puceles de valor.
A li s'en vient li rois d'Espaigne
Por congié prendre et sa compaigne,
9475 Et ele est contre lui drecie,
Car mult ert sage et afaitie,
Au col li met ses bras andous :
Li rois d'Espaigne, voiant tous,
L'acole et baise au departir
9480 O douces larmes, o souspir;
A grant merveilles l'avoit chier
C'a maint besoing li ot mestier,
Si comme arriere vos ai dit.

9450 et de — 9457 *Lacune que n'ont pu compléter ni la version anglaise ni le roman en prose* — 9461 prengne — 9478 tos

Et commande au saint Esperit
9485 Que il le gart lui et sa gent
Et tuit et totes ensement.
Joste lui voit Alixandrine
Et sa serorge la roine,
Qui d'aler sont apareillies.
9490 De larmes sont totes moillies
Les tendres vis et les mentons.
Par les bliaus de siglatons (d)
L'empeerris a li le sace ;
Si s'entreprendent brace a brace,
9495 Par grant amor s'entrebaisierent
Et estrainsent et embracierent,
Car ne sevent, quant or s'en vont,
Se il jamais s'entreverront.
A tendres larmes congié prendent,
9500 Qui sor les faces lor descendent.
La boine dame de Sesille
Par la maint destre prent sa fille,
Mult doucement l'apele a soi.
« Fille », fait ele, « entendés moi :
9505 « Tu t'en iras en ta contree
« Dont tu es roine clamee ;
« Pense de ton signor servir
« Et del tot faire son plaisir.
« Sor tote riens li porte honor
9510 « Com loiaus dame son signor.
« Ce que il honeure honerés
« Et ce qu'il aime ce amés.
« S'il a baron dont a son tort
« Li rois, te sire, se descort,
9515 « Pensés, bele, que a l'amor
« Puist revenir de ton signor,
« Car ce doit boine dame faire.
« Si soiés sage et debounaire,

9484 esprit — 9490 ont — 9501 sesile — 9511 ce qu'il

« Sage, cortoise et enseignie,
9520 « Si com dois estre par lignie. »
Cele respont a simple chiere :
« La moie doce dame chiere,   (f° 156)
« Mult volentiers, se Diex m'ait,
« Le ferai si comme avés dit,
9525 « Et encor mix, se je pooie,
« Por qu'a honor torner me doie. »
Puis s'entrebaisent doucement;
A Dieu, le roi omnipotent,
Se sont les dames commandees,
9530 Lors sont es palefrois montees :
Ensamble au roi tienent lor voie,
Et l'emperere les convoie.
Sa main destre tint à l'arçon
De la sele a sen compaignon,
9535 Et l'eve des iex li degoute.
A soi le trait hors de la route ;
Se li a dit li empereres :
« Li miens amis et li miens freres,
« Por Dieu qui tot a establi,
9540 « Gardés ne metés en oubli,
« Que vos letres aie souvent
« Et vos les moies ensement :
« Por ce sarai et vos de moi
« Quel le feroumes ambedoi ;
9545 « Si serons plus asseuré.
— Certes, la vostre volonté, »
Respont li rois, « lo je et voel. »
Adont em plorerent si oel
Que l'eve par le vis li cort.
9550 Si li proie que il retort,
Car grant piece avoit convoié;
Et quant vint au prendre congié,   (b)
Li dui signor baisié se sont
Et dient ja ne se faudront,

9555 Tant com Dix en vie les tiengne
C'au besoing l'uns l'autre ne viengne.
A tant se partent et errerent ;
Li autre s'entresaluerent.
As dames vient li emperere :
9560 La roine baisa son frere
Et l'emperere sa seror
Et commanda au creator ;
Alixandrine ra baisie
Et acolee et embracie.
9565 « Bele », fait il, « vos en irés,
« Mais gardés que ne m'oubliés.
« S'avés besoigne ne mestier
« Ou valoir vos puisse et aidier
« Que lués ne trametés a moi :
9570 « Par le signor en cui je croi
« Ne vos faudrai jor de ma vie. »
Et la dame mult l'en mercie.
A tant es les vos departis ;
Chascuns s'en vait en son païs.
9575 Tant chevauche li rois d'Espaigne
O sa maisnie et sa compaigne
Qu'en lor païs en sont venu.
A grant joie sont receu :
Onques nus hom ne vit grignor
9580 Comme il mainent de lor signor,
De lor parens, de lor amis
Qui repairié sont el païs (c)

Or diromes del roi de Roume
Comment il a chievé a soume
9585 Son afaire cortoisement.
N'i veut sejorner longement,
Ançois chevauche par son regne

9555 tiegne — 9567 Seves

Et maine avecques lui sa feme,
Et vait prendre les seurtés
9590 De bors, de viles, de cités
Et de chastiax et de donjons,
De dus, de princes, de barons
Et cil li font a sa devise.
Quant la terre ot a lui sousmise,
9595 Les contrees et les honors
Et dus et princes et signors ;
Puis met tel pais parmi son regne,
N'i est si hardis hom ne feme,
Tant se face cointe ne fort,
9600 Qui a nului ost faire tort.
A pais i vont li marcheant,
Li estrange et li paisant,
N'ont pas dotance c'on lor toille
Que l'emperere ne lor soille ;
9605 Car qui le pais assaudroit,
Ja autre gage n'i metroit,
Fors son cors por livrer a pendre ;
Ja ne l'en porroit nus deffendre.
Chascuns seurement i vient :
9610 Bien ait qui tel justice tient.
Mult fu l'empereres vaillans,
Justicieres fors et poissans.   (d
Le bien essauce a son pooir,
Le mal abaisse et fait cheoir,
9615 Les orgeillex plaisse et tient cors ;
Les losengiers, les menteors,
De cex s'eslonge, s'a bon droit ;
Les preudomes honeure et croit,
Dieu aime et sert la sainte iglise ;
9620 Sa mere honeure et fait servise
Sor toute rien à son plaisir.
Servir la doit et obeir,

9619 la *manque*

Car bone dame ert et loiaus.
A li ert ses privés consaus;
9625 Boine aumosniere ert et gentix,
A Dieu rent grasses et ses fix
Qu'ert empereres et sacrés
Et de l'empire asseurés
Et rois de Puille et de Sesille,
9630 Et que roine estoit sa fille
D'Espaigne et feme au roi Grifon.
Or puet veoir s'avision,
Ce qu'ot songié que sa main destre
Tenoit sor Roume et la senestre
9635 Desor Espaigne, c'est a dire
Que ses fix est de Roume sire,
De tot le regne et de l'empire.
Mult fu l'empereres cortois
Et fiers et nobles et adrois,
9640 Mult par tint bien em pais sa terre;
Nus ne l'en fist noise ne guerre, (f° 157)
Car n'a voisin, sachiés de voir,
Nel crieme et serve a son pooir.
Deus enfans ot de sa moillier,
9645 Qui mult furent poissant et fier:
Chascuns refu tote sa vie
Del merveilleuse signorie,
Li uns fu rois, l'autre emperere.
Dei roi Guillaume et de sa mere,
9650 De ses enfans et de son genre,
De son empire et de son regne
Trait li estoires ci a fin.
Cil qui tos jors fu et sans fin
Sera et pardoune briement,
9655 Il gart la contesse Yolent,
La boine dame, la loial,
Et il destort son cors de mal.

9629 sesile — 9633 quen sa — 9644 .II.

Cest livre fist diter et faire
Et de latin en roumans traire.
9660 Proions Dieu por la boine dame
Qu'en bon repos en mete l'ame,
Et il nos doinst ce deservir
Qu'a boine fin puissons venir.

9659 faire

Amen.
Explicit li roumans de
Guilliaume de Palerne.

www.ingramcontent.com/pod-product-compliance
Lightning Source LLC
Chambersburg PA
CBHW070628160426
43194CB00009B/1398